〈都市的なるもの〉の社会学

大谷信介［著］

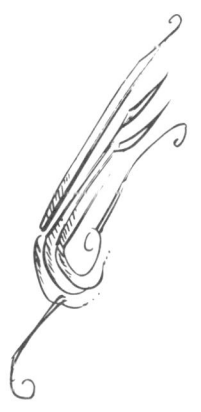

ミネルヴァ書房

〈都市的なるもの〉の社会学

目　次

序　章　都市社会学の射程……………………………………………1
　　1　都市社会学の現状と〈都市的なるもの〉への着目……………1
　　2　都市の定義の厳密化と〈都市的なるもの〉の解明……………6

第Ⅰ部　都市の定義と都市のリアリティ

第1章　都市の概念……………………………………………15
　　1　都市概念の本質──空間概念であること……………………16
　　2　行政区画を都市とすることへの疑問──行政都市と自然都市……18
　　3　自然都市・行政都市を重視する視点……………………………24
　　　　(1)　自然都市の重要性　24
　　　　(2)　行政都市の積極的位置づけ　25
　　4　都市イメージ調査──人は都市をどのように認識しているのか……26
　　　　(1)　人口何万人以上の市が都市なのか　26
　　　　(2)　〈地方の大規模都市〉と〈大都市圏の小規模都市〉どちらが都市か　31

第2章　古典的都市の定義と都鄙論………………………………37
　　1　都市の古典的定義──城壁と自治………………………………37
　　2　ウェーバーの比較都市類型論……………………………………38
　　3　農村社会との対比からの都市の定義──都鄙論………………41
　　4　日本農業の変貌と都市化の実態…………………………………44
　　5　戦後日本の地域開発政策と昭和の歴史…………………………46
　　6　日本都市の形成過程と歴史的背景………………………………50

第3章　結節機関の集積と都市人口………………………………57
　　1　鈴木栄太郎の都市の定義と結節機関説…………………………57
　　2　正常人口の正常生活の理論の特徴と問題点……………………60

(1) 鈴木都市理論の問題点　62
　　　(2) 鈴木理論に関する調査研究　63
　3 結節機関の集積と人口増に関する議論 …………………………65
　　　(1) 行政機関の集積と都市人口──高松と松山の場合　65
　　　(2) 経済機関の集積と人口増──広域中心都市〈福岡〉の成立をめぐる議論　68
　　　(3) 職場としての結節機関──高松支店の特徴　69
　　　(4) 高度情報化による地方都市の地盤沈下（統括店機能の低下）　72
　4 都市の中枢管理機能の変遷──東京への一極集中 ……………73

第Ⅱ部　アメリカ都市社会学の展開

第4章　初期シカゴ学派──人間生態学 …………………………81

　1 アメリカ都市社会学──20世紀初頭にシカゴで大きな発展を遂げた理由 …………………………………………………………………81
　2 パークの都市研究──人間生態学という考え方 ………………86
　　　(1) 競争が統制力を及ぼす形式としての2つの生態学的原理　87
　　　(2) 都市社会への応用　89
　3 都市空間構造論──同心円地帯理論 ……………………………89

第5章　アーバニズム論とその批判 ………………………………93

　1 ワースのアーバニズム論 …………………………………………93
　2 アーバニズム批判──異なる都市現実の問題提起 ……………96
　　　(1) サバーバニズム論・郊外研究　96
　　　(2) 親族関係に関する調査研究　97
　　　(3) 都市民族誌学からの批判　98
　3 アメリカ中心主義批判──ショウバーグの前産業都市論 ……99
　4 生態学的決定論への批判──新都市社会学の考え方 …………101
　　　(1) カステルのアーバニズム論批判　101

(2) 新都市社会学の考え方　102
　　　(3) カステルの都市の位置づけ——消費空間としての都市　103
　　　(4) 経済法則と都市空間——資本蓄積の地域的結果　104

第6章　アーバニズムの下位文化理論——都市の文化創造性 …… 109

 1 アーバニズム論としての下位文化理論 …………………………… 109
　　　(1) 生態学的アプローチの継承　109
　　　(2) ワース理論の修正　111
　　　(3) 下位文化理論の論理構成　112
 2 ネットワーク論としての下位文化理論 ………………………… 116
 3 下位文化理論の問題点 ……………………………………………… 118
　　　(1) 「都市化はネットワークの同質性を高める」という命題の妥当性　118
　　　(2) 下位文化理論の立論構造の矛盾——前段—後段の論理のズレ　120
　　　(3) アメリカ的文脈を反映した理論——日本的文脈からの再検討　120
 4 フィッシャー都市理論の評価 …………………………………… 123

第Ⅲ部　〈都市的なるもの〉を解明する実証社会学

第7章　〈都市的状況〉と都市的人間関係 …………………………… 127
　　　——大都市大学生と地方都市大学生の友人ネットワークの比較

 1 大都市大学と地方都市大学の〈都市的状況〉の差異 ………… 129
　　　(1) 学生を集める範囲の差　129
　　　(2) 新入生の同高校出身者の比率の違い　130
　　　(3) 大学生活の基本構造の違い　130
 2 〈都市的ネットワーク〉——両大学の友人ネットワークの顕著な違い　132
　　　(1) 友人形成における既存ネットワークの影響　132
　　　(2) 学外中心型—学内中心型——選択肢の多さ　137
　　　(3) 友人とのつきあい方の差——単一送信型—多重送信型　139
 3 〈都市的状況〉と〈都市的なるもの〉 ………………………… 143

第8章 〈都市的なるもの〉を規定する要因 ……………… 149
── 都市ほど近隣関係は希薄なのか

1 都市度と近隣関係希薄化の議論 …………………………… 149
2 独立変数としての〈都市度〉に関する調査設計 ………… 152
3 従属変数としての近隣関係の測定方法 …………………… 153
 (1) 既存研究における近隣関係研究　153
 (2) 〈隣人づきあい〉と〈近所づきあい〉を規定する要因　157
4 都市度と近隣関係 ……………………………………………… 160
 (1) 松山が他都市と比較して近隣関係が密でないという事実　160
 (2) 近隣関係を規定している居住類型別特徴　165

第9章 都市の定義と〈都市的なるもの〉……………………… 171

1 「都市の定義」課題の出発点 ………………………………… 171
2 「都市の定義」傑作撰の特徴 ………………………………… 175
 (1) どんな特徴が定義として数多く提起されたのか？　176
 (2) 意外に少なかった都市の定義の特徴　179
 (3) これまでの都市理論が表現されていた学生の定義　181
3 学生自身による「都市の定義」傑作撰の評価 …………… 185
 (1) 都市を最も的確に表現している定義　186
 (2) これまでの経験で最も共感できた定義　188
 (3) 傑作だと思う定義　189
4 なぜ都市では県立高校があがめたてまつられないのか …… 191
 (1) 県立高校の偏差値認知度　191
 (2) 平準化のメカニズム　195
5 〈都市的なるもの〉の多様性と実証社会学への指針 …… 199

あとがき　205
巻末資料──学生が創った「都市の定義」傑作撰　209
参考文献　223／索引　235

装幀／毛利一枝

序　章　都市社会学の射程

1　都市社会学の現状と〈都市的なるもの〉への着目

　本書は,「都市とは何なのか」「都市社会学とはどういう学問なのか」という私が講義でテーマとしてきた課題について,これまでどのように取り組み,現在どのような考えをもつようになったのかをまとめたものである。

　私が専任として初めて大学で講義を担当したのは,今から23年前の1984年4月松山商科大学（現松山大学）人文学部社会学科の専門科目「地域社会論」であった。横浜市で生まれ育ち,大学院で横浜市の住民参加政策を題材に都市社会学研究を進めてきた私にとって,松山社会を具体的・実証的に都市社会学の観点から論じてほしいという要請のあった講義科目「地域社会論」を担当した10年間は大変貴重な体験であった。

　当時の私にとって,都市の準拠枠となっていたのは「横浜市」であり,講義を聞いている学生の準拠枠となっていたのは「松山市」であった。まさに夏目漱石の『坊っちゃん』の世界を彷彿とさせる状況であった。私は松山に10年居住したので,日常生活,大学でのゼミや教授会,実際の調査研究等,さまざまな場面で,大都市と地方都市の違いについて「目から鱗」的な発見を体験していくことに

なった。その体験とは、人口40万を超え、都市としての要件を十分備えていると思われた松山社会で、〈都市的〉とは思えない現実が数多く存在しているという事実であった。それは、まさに100年前に夏目漱石が実感したであろう『坊っちゃん』の世界が、現代の都市「松山」に同じように存在していたという驚きでもあった。こうした人口要素だけで〈都市的なるもの〉が必ずしも決定されていないという原体験が、その後の講義や調査研究の問題意識を形成していったのである（大谷編著 2004）。また当時、愛媛県のシンクタンクとなっていた愛媛社会経済研究財団の調査研究を引き受けた経験も、松山社会が〈都市的なるもの〉の対極としての特徴を有しているという現実を気づかせてくれる貴重な機会となった（大谷 1986a, 1987, 1988）。今振り返ってみると、私の都市社会学研究の出発点が、まさに〈都市的なるもの〉を解明するための実証社会学研究であったと位置づけられるのである。

　松山での10年間の研究成果は、パーソナルネットワークの実態から〈都市的なるもの〉を解明した『現代都市住民のパーソナル・ネットワーク』（ミネルヴァ書房，1995年）として出版した。その後1994年に桃山学院大学，1997年に関西学院大学に移り，「都市社会学」の講義を担当しながら，一貫して〈都市的なるもの〉を解明する実証研究を継続してきたのである。本書は、これまでの23年の講義実践と前著以降の調査研究の成果をまとめたものである。

　「都市社会学」の講義では、「都市とは何か」というテーマを中心に、大都市と地方都市の違いに関する調査研究をおりまぜる形で講義内容を構成していった。私が講義の中で、特に重視してきたのは以下の3点であった。

①これまでの社会学研究において，「都市」がどのように位置づけられ，研究が進められてきたのかを，できるだけ網羅的に整理すること
②正確な統計データと社会調査に基づく実証データを使って，これまでの都市理論を検証し，〈都市的なるもの〉を明らかにしていくこと
③都市理論を，多くの人の日常生活レベルの事例を使ってできるだけわかりやすく説明し，多くの人が実感したり共感したりする知見を帰納する方法で，都市のリアリティを描いてみること

本書の構成や内容は，まさにこうした23年間の講義ノートの積み重ねの結果としてできあがったものである。

〈都市社会学〉をめぐる状況は，私が大学教員になった1984年当時から現在にいたる間で大きく変化してきている。その変化は，主として次の2点で特に顕著であったと考えられる。

第一点目は，社会現象としての都市化の実態が，当時と現在では大きく変化しているという事実である。わが国は，高度経済成長期に地方の人口が大量に大都市に集中し，都市化が急速に展開した。1980年代は，そうした急速な都市化によって発生したさまざまな問題状況に対して，その問題解決が学問的にも政策的にも急務な課題として要請されていた時代だったのである。1983年に日本都市社会学会が発足し，第1回シンポジウムで「アーバニゼーションの国際比較」というテーマが設定されたという事実は，そうした当時の時代背景を象徴していたといえるだろう。

その後日本社会は，安定成長期，バブル経済，バブル崩壊と時代を経ていく中で，都市化という現象自体に，大きな変化がみられる

ようになってきたのである。最近の人口移動の実態は，地方から大都市への移動という単純な図式だけでは捉えられないものとなり，移動自体の減少，大都市圏内移動の重要性の増大等，これまでとは異なる〈ポスト都市化〉とでも呼べる社会状況が出現してきているのである。しかし，都市社会学は，こうした〈ポスト都市化社会〉に対して，必ずしも明確な理論的指針を提起できていないのが現状といえるのである（この点に関する私の見解は，書を改めてまとめたいと考えている）。

　第二点目として指摘できるのは，都市社会学の存在意義についての疑問が提起されるようになってきたという事実である。1980年代の都市社会学をめぐる状況は，シカゴ学派対新都市社会学が論争的に対峙するある意味で刺激的な状況にあった（奥田・広田編訳　1983，カステル　1984）。しかし，そうした論争の中で，「都市社会学は存在するのか」という学問の存在意義に対する疑問が提起されるようになったのである。すなわち「〈都市的〉という用語で呼ばれる現実的分野は存在せず」「都市社会学は，現代社会の社会学や社会学一般となんら変わらない」（M. Castells 1968）という主張である。そうした主張は，都市民俗誌学からも，これまで都市的特徴と考えられていたものは，じつは年齢，民族性，社会階級等といった要因によって規定されているのだという根源的批判として提起され（H. Gans 1962），注目を集めるようになってきたのである。

　こうした都市社会学の存在意義を否定する見解に対して，都市社会学の必要性を問題提起したのが，フィッシャーであった。彼は，都市居住者と非都市居住者の相違が，歴史や文化の違いを超えて広範にしかも厳然として存在すること自体，都市社会学の有効性があると指摘したのである。

私は，1990年から1年間カリフォルニア大学バークレー校に客員研究員として留学し，実際にフィッシャー教授やカステル教授の都市社会学研究を学んできた。当時の世界を代表する2人都市社会学者の講義を聞き，私自身がとても共感できたのは，フィッシャーの実証研究に基づく都市社会学研究の重要性の指摘であった。彼の都市認識の中でも，私が最もひきつけられたのは，既存研究に根強くあった〈都市への否定的評価〉を是正しようとした彼の研究態度であった。

> **フィッシャーが指摘した〈都市への否定的評価〉**(C. S. Fischer 1984)
> 西洋の市民は，都市と都市生活に関する何千年にもわたる伝説や文学や芸術を継承している。このような文化的な表現によって伝えられたメッセージは，必ずしも一致したものではないし，一定したものではないけれども，そこで繰り返されているテーマは，[都市生活に対して] 否定的である。

　こうした〈都市への否定的評価〉は，日本社会においても一般的にイメージされることが多かった。「東京や大阪は人の住むところではない」「都市は，隣に誰が住んでいるかも知らない冷たい世界だ」「ラッシュアワー，交通渋滞，人混み……とにかく都市は疲れるところだ」これらの会話は，私が記憶している地方出身者の実際の発言である。このような都市に対する否定的評価は，多くの人によってステレオタイプ的に信じられ，都市イメージを形成してきたといえるのである。
　しかし，都市の否定的イメージだけでは，「それでもなぜ多くの人が都市に居住しているのか」「なぜ若者が都市に魅力を感じ，都市に集まってくるのか」といった現実をうまく説明できないだけで

なく，都市の本質的意味を見失ってしまうのではないかと私は考えているのである。

そうした意味から，フィッシャーが都市の〈プラス面〉を重視し，都市が常に新しいものを生みだす文化創造の器であるという都市のポジィティブな側面を強調した都市認識を提起したことを高く評価しているのである。

本書では，都市社会学の存在意義への疑問が提起されてきている時代背景の中で，都市のプラス面をも評価する視点からどのような研究課題を提示できるのかといった〈都市社会学の射程〉について考えてみたいと思っている。

2 都市の定義の厳密化と〈都市的なるもの〉の解明

私が〈都市の定義〉に着目するようになったのは，大学教員になった当初からである。講義ノートを作成するにあたって，既存研究における〈都市の定義〉をまとめようと作業をはじめたのであったが，その作業が20年以上もかかるとても難しい作業であることは，当時の私にはまったく理解できなかった。その後も都市の定義については，いつも根源的意味も含めて考えていくことになった。それは，1986年の日本社会学会での自由報告「都市の概念と都市研究の課題」や大谷信介「空間秩序と都市計画のプロブレマティック」（『経済評論』1986年）という論文にも象徴的に示されている。

しかし，既存研究における都市の定義を整理し，都市の概念について考察を深めれば深めるほど，都市を厳密に定義すること自体不可能であり，都市の定義を追及していくことにあまり意義を認めなくなっていったのである。講義の受講生を対象に，「あなたが考え

る独創的な〈都市の定義〉を創ってください」という「都市の定義課題」を開始したのは，1993年からであったが，それも「学生の知」にその難問の解決を期待したという側面があったのである。

　本書の結論ともなっている，都市の定義の厳密化よりも，〈都市的なるもの〉を解明する実証社会学研究を蓄積していくことが重要であるという私の問題提起は，1997年の『日本都市社会学年報』15号の「書評論文・リプライ」で，倉沢進先生と私との間で展開された論争の中で，はじめて提示された見解であった。その論争には，とても興味深い内容が含まれているので，ぜひ全文を読んでいただきたいと思うが，ここではその議論をできるだけ簡潔にまとめて提示することにしたい。

　倉沢先生は，書評対象書となった拙著『現代都市住民のパーソナル・ネットワーク』の序章で私が書いた冒頭の一文に対して，問題点を提起された。
　「都市社会学研究の困難さは，それが対象とする〈都市〉自体を定義することができないことから発している」。
　この一文に対して倉沢先生は，「都市は定義できないのではなく，誰もが納得するような単一の定義をすることがむつかしい，したがってすべての，あるいは大多数の研究者によって採用されるような確定した定義が存在しない概念のひとつであるというべきだろう」と問題提起された。
　そして，ワース，ウェーバー，鈴木栄太郎，倉沢進の定義を紹介した後，「きちんとした社会学者の定義に一致して見られるのは，それを集落の一種としていることである。そして結節機関一本にしぼって定義している鈴木栄太郎を除いて，人口量，人口密度の相対

的な大きさ高さという規準を充たす集落を，都市と定義していることである」と整理する。さらに地方自治法の市となる要件の規準を紹介した後，「市制施行規準が示すように，社会通念上の都市の概念もまた，これらの社会学者の定義と軌を一にしていることが知られる。そして，操作的定義に見られる人口の量的規準は，その社会の都市現実をかなり正確に反映している。日本のそれが５万であるのに対し，アメリカ，国連は２千５百である」以上のことから「少なくとも『都市は定義することができない』などとはいえないのではないか」というのが倉沢先生の私への批判の概要である。

これに対して，私はリプライの中で，講義でおこなった都市の定義課題によって学生たちに問題提起した，「都市を定義することが非常に難しいということ」と「多くの人が〈都市的なるもの〉を実感している」という事実に着目して次のような論点を問題提起した。

「倉沢先生は，特に前者の事実に着目して，都市を厳密に定義していこうと研究を展開されてきた（都市は定義できるものであると強調されることも，都市分類を詳細に研究されてきたこともこの方向性の結果である）。それに対して私が特に問題として重視しているのは後者の事実であり，〈都市的なるもの〉とはいったい何なのかを解明することを出発点としているのである。すなわち，都市を〈存在するもの〉〈定義・分類できるもの〉と位置づけるのか，〈得体の知れないもの〉〈実体のないもの〉という側面をも含めて位置づけるかの違いともいえるのである。

倉沢先生の都市の定義は，「都市とは当該時代の当該社会のなかで，人口量の相対的に大きく，人口密度の高い，そして住民の生計が農業以外の産業に支えられている集落である」というものである。いろいろ吟味された定義ではあるが，この定義においても曖昧さは

払拭されていない。まず，都市の定義に人口量や密度という概念が導入される場合，必ず集落の範域は空間的に限定されていなければならないはずである。その境界線はどのように限定するのであろうか（倉沢先生が重視する集落社会＝「自然都市」なのか，それとも「行政都市」なのか？）「もし行政都市に限定するとするならば，鈴木栄太郎が議論していた新市の位置づけの曖昧さはどのように考えるのか？（東京を行政区画とは関係ない500m四方のメッシュ毎にデータを整理し直す重要性を倉沢先生自身『東京の社会地図』の中で強調されている）」等の疑問である。

　私の見解は，「都市を定義できる」と強調することよりも，「都市を厳密に定義することはできない」と居直って，定義を曖昧にしておくことの方が，〈都市的なるもの〉を探っていくうえでは好都合なのではないかと考えているのである。

　その点を，もう少し具体的に述べてみよう。本書第7章で展開する桃山学院大学と松山大学の学生の友人ネットワークの比較調査は，その研究方法の典型例と位置づけられる。この調査では，比較の前提となる「都市定義」についてはあいまいにされたままである。すなわち両大学が立地している都市人口（和泉市人口約15万，松山市45万）だけから考えるならば，松山のほうが都市だということになってしまうのである。しかし，両大学生に実施した友人ネットワーク調査の結果には明確な差が存在し，私のいうところの都市的ネットワークの特徴が明示されていたのである。これこそが　まさに都市の定義には目をつぶって，〈都市的なるもの〉の特徴を解明するという私の考えている研究方法なのである。

　以上が，「書評論文・リプライ」の概要である（最後の部分は，

本書の第7章部分と関連づけて若干修正した)。この論争で私が提示した研究方法こそが,本書を通じて主張したかった結論でもあるのである。

〈都市的なるもの〉という概念は,ルフェーブルの都市理論の中で最初に提起された概念である。ルフェーブルは,可能なるものとして〈都市的なるもの〉を位置づけ,都市現実の問題性を考察するという方法を重視した。

以下の引用は,彼の著作の中から〈都市的なるもの〉の概念を説明した部分を引用したものである。本書で使用する〈都市的なるもの〉という言葉は,以下のルフェーブルの概念の使用方法とは若干異なる意味合いで使用していることになる。

> **ルフェーブル (H. Lefebvre『空間と政治』1972)**
>
> 「都市的なるもの (l'urbain) は都市 (la ville) と厳密に区別される。というのは,都市的なるものは都市炸裂のさなかに生まれ,明示されるものであるからである。しかし,それは中枢性,出会いの空間,モニュメント性,等々の長い間知られずにいた都市のいくつかの側面の再考察をうながし,その理解を可能にしてくれるのである。都市的なるもの,すなわち都市社会はまだ存在していないが,潜在的に孕まれている。居住地,隔離,社会的実践に本質的な都市の中枢性……これらの間の矛盾を通って,意味に満ちたあるひとつの矛盾が示されている。
>
> 都市的なるもの,それはわれわれに示され,またわれわれが分析しているようなある過程によって解放され,自由になった理論的概念である。それは,哲学者たちにおいて使われることばの伝統的な意味での本質ではない。それは,たとえば都会らしさ l'urbanite'のように賞賛の意味をこめて使われることばが信じ込ませようとしている実体

> でもない。それはむしろ形式であり，大地のみのりから，いわゆる文化的な象徴や作品に至る社会生活のあらゆる要素の出会いや集合の形式にほかならない。都市的なるものは，分散の，隔離の過程のただなかで，出会いと集合と情報の要請としてあらわれるのである」

　本書で使用する〈都市的なるもの〉とは，ルフェーブルの言い方を使えば，多くの人が実感している〈都会らしさ〉の背後にあるまさに〈都市の本質〉といえるだろう。私が考える〈都市的なるもの〉とは，人口や交通機関や結節機関の集中によって出現してくる〈都市的な特徴〉や，〈都市的状況〉によって規定されているネットワークの特徴や，人々が感じている〈都市的なもの〉の特徴が複合して形成している〈都市の本質〉のようなものである。〈都市的なるもの〉があるからこそ，都市に多くの人が集まるのであり，また都市が文化創造の器となっていくのである。都市社会学は，こうした〈都市的なるもの〉がどのように形成されたり，どのような構造をもっていたりするのかということを実証的調査研究によって解明していくことに大きな意義があると私は考えているのである。

　本書では，次のような3部構成で，〈都市的なるもの〉の社会学に迫っていきたいと考えている。
　第Ⅰ部「都市の定義と都市のリアリティ」では，過去の都市研究において，都市がどのように位置づけられ研究が進められてきたのかを整理し，都市の概念の本質について考える。その過程で重視されるのは，統計データや社会調査で得られたデータによって〈都市のリアリティ〉を実証的に検証していくという姿勢である。
　第Ⅱ部「アメリカ都市社会学の展開」では，人口要因を重視する生態学的視点から〈都市的なるもの〉を解明しようとしたアーバニ

ズム論が，どのように形成され，現在どのように位置づけられているのかを整理していく。そこで重視されるのは，アメリカ社会の都市現実に規定されている部分を日本的文脈でも通用する理論として再検討していくという視点である。

　第Ⅲ部「〈都市的なるもの〉を解明する実証社会学」では，〈都市的なるもの〉を調査研究によって実際に解明していく方法について，具体的に問題提起していく。第7章では，都市的人間関係の特徴を解明しようとした調査研究を紹介し，そこで検討された〈都市的状況〉という概念の可能性について，第8章では，都市的人間関係を考えるうえで，人口という要因以外で考慮されなければならない要因について，第9章では，学生が創った〈都市の定義〉の中に含まれていた〈都市的なるもの〉の特徴を考察していく研究方法を紹介することによって，今後の〈都市的なるもの〉を解明する実証社会学の方向性について検討していきたいと思う。

第 I 部
都市の定義と都市のリアリティ

　都市を定義しようとしてみると，そのこと自体がとても難しい試みであることに気づくだろう。「都市とは人口の多いところ」と定義してみたとして，実際，定義が完了しているわけではない。まず人口を測定するためには，何らかの境界線が確定されなくてはならない。行政区画を前提に人口を測定したとして，それでも問題は山積である。「大都市圏の場合，行政区画は連続していて，その境界線が都市としての意味をもっているのか？」「行政区画は，市町村合併等によってよく変更されるが，それでも都市として意味はあるのか？」「人口が多いといっても，何万人から多いといえるのか？」等たくさんの問題を抱えているのである。
　こうした中で，これまで蓄積されてきた都市に関する既存研究では，どのように都市を位置づけてきたのだろうか？　そしてその位置づけは，どの程度実際の都市のリアリティを描けてきたのだろうか？　第Ⅰ部ではこの2つの問題を中心として都市理論を整理していくことにしたい。
　まず第1章では，都市の概念の本質について検討する。そこでは〈関係概念〉と〈空間概念〉という概念を導入することによって，都市が〈空間概念〉であることが提起される。さらに〈行政都市〉と〈自然都市〉の論点，日本における市となる要件の実情，市町村合併による変化の実態等の問題点を実際の統計資料をもとに明らかにする。最後に，「人はどのような市を，都市と考えているのか」という問題を，学生に実施した都市イメージ調査の結果によって明らかにする。
　第2章では，欧米の古典的な都市の位置づけについて整理する。城壁と自治が重視されてきたヨーロッパの都市認識とともに，ウェーバーがどの

ような視点から比較都市類型論を展開してきたのかを詳細に検討する。また，都市と農村を対比する視点から展開された都鄙論を整理し，実際に日本の農村がどのように変化してきたのかについて，農業の実態及び戦後の地域開発政策の実態分析をとおして明らかにしていく。

　第3章では，日本独自のユニークな都市の位置づけを提起した鈴木栄太郎の都市理論に焦点をあてる。社会的交流の結節機関が集積したところが都市という位置づけや，都市の基本構造を形成している正常人口の正常生活の理論という視点は，都市の骨格を考えるうえではとても示唆的である。ただ結節機関の集積ということが，必ずしも都市人口の増加と繋がっていないという日本都市の現実も存在している。高松市と松山市の事例，広域中心都市〈福岡〉の事例，東京一極集中の問題について，都市の中枢管理機能の実態分析を通して検討を加えていく。

第1章　都市の概念

　都市という言葉は，日常的にも，分析上の概念としてもよく使われる言葉であるが，同時にきわめてあいまいな言葉でもある。都市の対概念を考えてみても，農村・農山漁村・村落・鄙等，微妙に確定していない。日常生活レベルでは，〈都会〉と〈田舎〉という対比から都市という言葉があいまいに実感されているのが実情である。実際，都市を定義しようとすると，そのこと自体がとても難しいことに気づくであろう。

　一般的には市制施行地域という行政的区分を使って都市と位置づけるのが最も手っ取り早い。しかし，「人口何万以上の市を都市というべきなのか？」「人口規模が同じでも，大都市圏にある都市と地方にある都市とは，どちらが都市的なのか？」「行政区域は，市町村合併等によって安易に変わってしまっている」等，さまざまな問題を抱えているのである。

都市の定義の困難さ

ゾンバルト（W. Sombart　1902）
　「われわれは都市なる概念の標徴が決して確定していないことを知る。日常の用語においてそうであり，同様に（或はむしろはるかにより以上に）科学においてもそうである」

奥井復太郎（『現代大都市論』　1940）
　「元来，都市の定義や本質が判然とし難い一理由としては，人々が勝手に色々の標準で銘々自分々々の都市なるものを考えていること

> が指摘されていい。或人は人口が多いことを，また或人は商工業のにぎやかなことを，他の人は市制が布かれていることを，別の人は，教育，文藝の中心を，等々多種多様に都市というものを思っている。したがって混乱が出てくる」
> マンフォード（L. Mumford 1961）
> 「都市のあらゆる発現形態にただひとつの定義をあてはめることはできない」

　これらの指摘は，都市を定義することが困難であることを象徴的に示したものである。本章では，都市という概念の本質と，都市を定義することがどのように難しいのかという点を中心に考察してみよう。

1　都市概念の本質——空間概念であること

　〈都市〉という概念は，これまで社会科学において多用されてきた〈資本主義〉〈階級〉〈権力〉〈支配〉〈交換〉といった概念とは，明らかに異なった意味内容を内包している。それは〈関係概念〉と〈空間概念〉とを対比させることによって，より理解可能なものになると思われる。これまでの社会科学においては，人間・物・社会等の相互関係にあてられ，いわゆる〈関係概念〉によって分析が進められてきた。しかし，都市という概念は〈関係概念〉というよりは〈空間概念〉という意味内容を含んでいる（大谷　1986）。

　これまでの社会学研究では，〈関係概念〉を駆使して社会の分析が展開されることが多く，〈空間概念〉という側面はほとんどふれられないか，意識的に捨象されてきたといえる。しかし都市を分析するためには〈空間概念〉としての側面を自覚的に意識する必要が

あると考えられる。以下の指摘は，都市研究において〈空間概念〉としての側面を自覚的に強調しているものである。

〈空間概念〉としての都市

カステル（M. Castells 1977）
「都市を社会の空間への投影と考えるのは，不可欠の出発点であると同時に，またあまりにも基本的な確認である」

ルフェーブル（H. Lefebvre 1970）
社会的諸関係は，「可読的であると同時に非可読的であり，可視的であると同時に非可視的である」それらは，「地上のさまざまな場所に投影される」ことによって「都市的なるものは姿を現わすのである」

鈴木栄太郎（『都市社会学原理』 1957）
「社会関係の地上への投影が，一定の地域の上に累積して，1つの独立体の形態を現わすように考えられる場合には，そこに1つの社会的統一が予想される＝地域的社会的統一（近隣・村落・都市・行政的団体・都市依存圏・都市利用圏・通婚圏・伝承共同圏）」
「聚落社会とは，共同防衛の機能と生活協力の機能を有するために，あらゆる社会文化の母体となってきたところの地域的社会的統一であって村落と都市の二種が含まれる」

ハーヴェイ（D. Harvey 1973）
「都市に関する一般理論は，どのようなものであっても，都市に内在する社会的過程を，都市がとる空間形態に多少なりとも，関係づけなければならない」「社会的過程を分析対象とし社会学的想像力をもった人々（社会科学者・歴史学者・社会哲学者等）と空間形態を取り扱い地理学的想像力をもった人々（建築家・芸術家・都市プランナー・地理学者等）とのあいだに橋をかけることが重要である」

都市は，社会的諸関係が投影された空間であり，〈空間概念〉と

しての側面を明らかに有している。〈関係概念〉と〈空間概念〉とは，たとえていえば〈方程式〉と〈グラフ〉である。社会学においては，社会現象を方程式化することに関心が集中され，実際，官僚制や資本主義の法則といったように多くの方程式がみつけられてきている。都市とは本質的には〈グラフ〉に描かれた複雑なものであり，複雑な〈グラフ〉と社会の〈方程式〉との関係を分析していくことが，都市社会学研究に必要不可欠な視点といえるであろう。

2　行政区画を都市とすることへの疑問——行政都市と自然都市

　都市を定義しようとする場合，人口規模や密度といった人口要素は必要不可欠なものと考えられてきた。しかし，都市とその人口を確定することは決して容易なことではない。人口を測定するためには何らかの範域を明確に確定する必要があるからである。これまでの都市研究においては，日本ばかりでなく海外においても，行政上区画をベースとして，都市を位置づける方法がよく使われてきた。

> **ゲェーリング（J. M. Goering　1978）**
> 「シカゴ学派にあっては，都市とそれらを構成する地域社会は，空間的に明瞭に規定されると考えられていたし，それが自律的なものであるとも考えられていた」「都市は概念的にも経験的にも，<u>行政上任意に区切られている。以上のような相対的自律性を仮定することで，</u>シカゴ学派の都市研究者たちは，アーバニズムやアーバニゼイションの法則を追求し，その法則こそが都市を動かし，発展させていくと考えたのである」

　日本で「都市化」が語られる場合，行政上の市制施行地域をベースとした市部人口比率が増加するという数字がよく使われてきた。

表1-1は，全人口を市部居住人口と郡部（町村）居住人口に分け，市部人口の比率の推移を整理したものである。1920年にわずか18.0％だった市部人口は，日本の高度経済成長期に急速に拡大し，1970年には72.1％にまで拡大している。これらの数字は，ある意味で日本全体が都市化していった実態を象徴的に描いているといえるだろう。

表1-1　市部人口比率

年	％
1920（大9）年	18.0
1930（昭5）年	24.0
1940（昭15）年	37.7
1950（昭25）年	37.3
1960（昭35）年	63.3
1970（昭45）年	72.1
1980（昭55）年	76.2
1990（平2）年	77.4
2000（平12）年	78.7

出典：総務省統計局「国勢調査報告」より作成。

しかし，問題となるのは，「行政区画をそのまま都市と位置づけていいのだろうか」という疑問である。この疑問については，鈴木栄太郎が〈行政都市〉と〈自然都市〉という概念を峻別することによって次のような問題提起をしている。

鈴木栄太郎（『都市社会学原理』1957）：新市（行政都市）への疑問

「日本の都市の場合，新市が登場するまでは，自然都市と行政都市との食い違いがあったとしてもごく僅かであり，その頃までの日本の市は，みな一定の規準によって誕生しており，都市としての高度の性格を備えていた」

鈴木栄太郎は，1953（昭和28）年の町村合併促進法（昭和の大合併）によって誕生した新市には，都市の要件となる基準を満たさない都市が多々あったことの問題性を提起した。都市性の規準となっていたのは，地方自治法第8条第1項に定められている「市となる要件」である。鈴木栄太郎は，新市の事例として，1954（昭和29）年8月に高知県の清水町・美崎町・下ノ加江町・下川口町の4町が合併してできあがった土佐清水市を取り上げ，どのように市となる

表 1-2　市となる要件と土佐清水市の実情

地方自治法の市の位置づけ（地方自治法第 8 条第 1 項）
①人口 5 万以上を有すること（特例法の場合 3 万以上）
②中心市街地の戸数が全戸数の 6 割以上であること
③商工業，他の都市的業態に従事する者及びそれと同一世帯にある者の数が全人口の 6 割以上であること
④当該都道府県の条例で定める都市的施設・都市としての要件を備えていること

土佐清水市（新市）の実情	
①人口31,623人（昭和30年10月 1 日）	→○
② 4 町の実質的中心市街地となる清水町の中心市街地人口は，全市の18.5％ 他の 3 町の中心市街地人口を加算したとしても，全市の33.7％	→×
③土佐清水市の非農業世帯は，総世帯の僅か30％ 非農業有業者も総有業者の19.5％	→×
④高知県条例で示されている都市的施設について 「駅・税務署・保健所・労働基準所があること」という規準＝該当せず 資本金500万円以上の会社・工場等が10以上という規準＝皆無	→×

要件を満たさないまま新市が誕生したのかを実証的に明らかにした（表 1-2）。

　このように，昭和の市町村合併で誕生した新市は，①の人口 3 万以上という規準は満たしていたが，他の都市的要件を満たさないまま市となったケースが多々あったことを，鈴木栄太郎は憂慮していたのである。

　表 1-3 は，わが国のこれまでの市町村合併の状況を整理したものである。明治・昭和・平成の 3 回にわたって大規模な市町村合併が繰り返され，市町村数が減少してきている実態がよく理解できる。それらの市町村合併は，多くの場合，都市としての要件を整えているかという規準ではなく，行財政の効率化といった規準が重視されて推進されてきたといえる。その意味では，行政区画としての「市」が必ずしも，都市的要件を整えていないケースが，市町村合併によって拡大してきたといえる。鈴木栄太郎が指摘した新市への

表1-3　明治・昭和・平成の大合併と市町村数の変遷

	年　月	市	町	村	計	備　考
明治の大合併	1888(明21)年	—	71,314		71,314	
	1889(明22)年	39	15,820		15,859	市制町村制施行
昭和の大合併	1947(昭22)年8月	210	1,784	8,511	10,505	地方自治法施行 (1947/5/3)
	1953(昭28)年10月	286	1,966	7,616	9,868	町村合併促進法施行
	1956(昭31)年9月	498	1,903	1,574	3,975	町村合併促進法失効 (1956/9/30)
平成の大合併	1995(平7)年4月	663	1,994	577	3,234	市町村合併特例法改正
	2005(平17)年4月	739	1,317	339	2,395	

出典：総務省ホームページ「市町村数の変遷と明治・昭和の大合併の特徴」より作成。

「明治の大合併」：1889（明治22）年の「市制町村制」の施行に伴い，町村合併標準提示（1888（明治21）年6月13日　内務大臣訓令第352号）に基づき，約300〜500戸を標準規模として全国的に行われた町村合併。結果として，町村数は約5分の1に。

「昭和の大合併」：新制中学校の発足に伴い，1953（昭和28）年の町村合併促進法（第3条「町村はおおむね，8000人以上の住民を有するのを標準」）及びこれに続く1956（昭和31）年の新市町村建設促進法により，「町村数を約3分の1に減少することを目途」とする町村合併促進基本計画（1953年10月30日　閣議決定）の達成を図ったもの。約8000人という数字は，新制中学校1校を効率的に設置管理していくために必要と考えられた人口。1953年から1961（昭和36）年までに，市町村数はほぼ3分の1に。

「平成の大合併」：1995（平成7）年以降の合併特例法の改正で，住民の直接請求により法定合併協議会の設置を発議できる制度，合併特例債制度の新設，政令指定都市への昇格や町村の市への昇格のための人口要件の緩和などが盛り込まれたことにより市町村合併が加速。合併特例債等の行財政面での支援が，2005（平成17）年3月31日までに合併が完了した場合に行うと定められたことから，2003（平成15）年から2005年にかけて合併の動きはピークを迎えた。

疑問は昭和の大合併時の問題であったが，その実態は平成の大合併でもまったく同じであり鈴木栄太郎の憂慮はより深刻化してきているといえるだろう。

　表1-4は，平成の大合併が終了した2005（平成17）年国勢調査時点の人口階級別市町村数を整理したものである。大合併終了後においても，特例法の市の要件である人口3万に満たない市が68市，

表1-4 2005年の人口階級別の市町村数及び人口

人口階級	市町村数*	割合（%）	人口（千人）	割合（%）
総　数	2,217	100.0	127,757	100.0
市	751	33.9	110,254	86.3
100万以上	12	0.5	27,870	21.8
50万～100万未満	14	0.6	9,775	7.7
30万～50万	45	2.0	17,297	13.5
20万～30万	40	1.8	9,758	7.6
10万～20万	141	6.4	19,384	15.2
5万～10万	249	11.2	17,378	13.6
3万～5万	182	8.2	7,207	5.6
3万未満	68	3.1	1,585	1.2
町　村	1,466	66.1	17,503	13.7
3万以上	90	4.1	3,387	2.7
2万～3万未満	160	7.2	3,845	3.0
1万～2万	430	19.4	6,087	4.8
5千～1万	425	19.2	3,089	2.4
5千未満	361	16.3	1,095	0.9

注：＊東京都特別区部は1市として計算した。
出典：2005（平成17）年国勢調査。

　地方自治法の基準である人口5万に満たない市はさらに182も存在しているのが実態である。

　表1-5は，特に人口3万に満たない市の具体的内訳を人口規模順に整理してみたものである。人口1万5000未満となっている市はすべて，炭鉱があった市であり，石炭産業の衰退と共に人口が減少したケースである。県別では，北海道，九州といった過疎問題を抱える県に人口3万未満の市が多くなっている。

　また表1-4の，人口3万を超えている町村に着目してみると，90の自治体が合併せずに町村のままでいるケースも存在している。これらの事実は，行政区画の「市」という単位が，一定の人口規模という必要最小限の要件さえも反映するものではないという事実を

表1-5　人口3万未満の市（68市）

人口		市数	市名（人口）
人口規模別内訳	1万未満	1市	歌志内市（北海道5,221）
	1万5千未満	4市	山田市（福岡県11,034）三笠市（北海道11,924）夕張市（北海道13,002）赤平市（北海道14,401）
	2万未満	10市	日光市（栃木県16,377）牛深市（熊本県16,609）土佐清水市（高知県17,281）室戸市（高知県17,490）美祢市（山口県17,754）珠洲市（石川県18,049）西之表市（鹿児島県18,198）芦別市（北海道18,898）垂水市（鹿児島県18,926）熊野市（三重県19,606）
	2万5千未満	21市	砂川市・安芸市・尾花沢市・松浦市・津久見市・宮津市・尾鷲市・串間市・大口市・勝浦市・多久市・鳥羽市・えびの市・栃尾市・美濃市・士別市・加世田市・宿毛市・羽咋市・陸前高田市・飯山市
	3万未満	32市	阿久根市・富良野市・豊後高田市・枕崎市・塩山市・輪島市・深川市・串木野市・須崎市・二戸市・竹田市・下田市・名寄市・紋別市・因島市・留萌市・勝山市・御坊市・江津市・豊前市・村山市・養父市・飛騨市・にかほ市・上野原市・美唄市・水俣市・阿蘇市・指宿市・笠間市・大町市・江田島市
県別内訳			北海道（13市）鹿児島（8市）高知（5市） 熊本（3市）大分（3市）石川（3市）三重（3市） 宮崎（2市）福岡（2市）広島（2市）岐阜（2市）長野（2市）山梨（2市）岩手（2市）山形（2市） 長崎（1市）佐賀（1市）山口（1市）島根（1市）兵庫（1市）京都（1市）和歌山（1市）福井（1市）新潟（1市）静岡（1市）千葉（1市）茨城（1市）栃木（1市）秋田（1市）

出典：2005（平成17）年国勢調査より作成。

明示しているといえよう。

3 自然都市・行政都市を重視する視点

(1) 自然都市の重要性

　新市への疑問を提起した鈴木栄太郎は，人為的に設定された行政都市（行政村）とは区別される自然発生的な集落概念としての自然都市（自然村）の重要性を提起していた。戦前から村落社会の実証的研究をしてきた鈴木にとって，特に重視されていたのは自然村の考え方である。

> **鈴木栄太郎（『日本農村社会学原理』 1940）**
> 「自然村は，地縁的な結合を基礎にして形成され，集団や社会関係の累積体であり，社会的交流や生活の主要な部分がその中で自足的に営まれる社会的統一性を持つ農村協同体である。自然村が自然村たるゆえんは社会的統一性をもたらす村の精神による自律性にある」

　集落社会としての自然村を重視する鈴木にとって，「市域決定の根拠」となるのは，住民の生活圏の範域であり，その実態を札幌市と琴似町の行政境界線付近の住民に対する21種目の日常生活必需物資の購入行動調査によって明らかにしようとした。住民は当然のことながら行政境界線に基づいて買物行動をしているわけではない。行政境界線付近の住民が，どこで買い物をしたり，どの浴場を利用したりしているのかといった生活行動を詳細に調査することにより，都市の社会的統一としての生活圏の範域を確定しようとしたのである。こうした住民の生活行動の空間的把握の視点こそ，自然都市の境界線となるべきものであり，行政境界線の形式的側面があばかれるのである。

ただ，独立性の高い自然村のような場合であれば境界を確定することは比較的容易であるのだが，都市のように住居が連続していて生活圏を区別しにくい場合には，自然都市の境界を画定できないという現実的問題が存在している点には注意を払う必要がある。

（2）行政都市の積極的位置づけ

> **新明正道（1964）**
> 「自然都市と行政都市とは必ずしも範域的に合致するものではなく，新市のように自然都市を規準としてみるときわめて人為的な不自然な都市の成立する場合もある。しかしそうではあっても都市が成立するために自治的にせよ他治的にせよ政治的組織を必要とすること，そのためには行政的管轄範囲の明確化が不可避であることを考えると，都市が全体社会として成立するにあたって，行政都市が不可欠の部分をなしていることは否定できない」
>
> **阿部和俊（2003・2004）**
> 「都市地理学という多くのサブ分野をもつ学問においては，都市を一元的に定義することはむずかしい」「筆者は都市を『機能を所有する人間の集住単位』と定義したい。この考えによれば，まず都市機能が認められる必要があり，ある範囲が何らかの根拠でかこまれなければならない。それを自然村のような範囲ではなく行政上の枠組みとしたい。したがって筆者にとって都市とは『市』（日本の場合）ということになる」「これは便宜的なものであるが，実際の分析においてはこのように考えないと収拾がつかなくなる」

　自然都市の重要性を主張する見解に対して，行政都市を積極的に位置づけようとする見解も提起されている。

　新明正道の行政都市の社会学的意義に関する指摘は，都市自治の伝統から考えると，行政統一体として成立するひとつの都市形態は重要であるという考えである。新明は，「問題となるのは行政都市

をいかにして自然都市と可能的に一致させるかであり，その解決のためにも自然都市だけではなく，行政都市をも合わせて都市社会学の対象にしていくことが必要である」と主張したのである。

また都市地理学の阿部和俊は，都市機能を重視する視点から行政都市，特に「市」を分析単位とすることを提起している。阿部の指摘は，そう考えるのはあくまで便宜的であり，「そうしないと分析にあたって収拾がつかなくなる」という現実的問題を特に重視すべきだと強調しているのである。実際，都市地理学の研究のほとんどは，行政都市を分析単位として，考察が展開されている。

たしかに分析という点を考慮するならば，都市を行政区画で確定するという方法は，仕方のない前提と考えざるを得ないのが現実であり，便宜的な都市の位置づけとしては，行政都市を使わざるを得ないというのが実情であろう。

4 都市イメージ調査——人は都市をどのように認識しているのか

(1) 人口何万人以上の市が都市なのか

ただ，範域が明確で現実的な〈行政都市〉を考えたとしても，都市の定義を確定するには，まだまだ問題は残っている。それは，「人口何万人以上の市が都市なのか？」という問題である。地方自治法でも，人口5万という規準と，特例法の規準である人口3万という2つの異なる都市の規準が存在している。ここでは，人口何万人以上を都市と考えるべきかという問題を，人の都市イメージという点から考察してみよう。

都市イメージを考える前に，日本国民の人口分布（人口規模別の自治体に日本国民がどのような割合で居住しているか）の概略を整

理しておこう。

　2005年の国勢調査人口構成を示した表1－4を整理しなおしてみると,

　　人口5万以上の自治体に居住している人＝約8割（79.4％）
　　人口10万以上の自治体に居住している人＝約6割5分（65.8％）
　　人口20万以上の自治体に居住している人＝約5割（50.6％）
　　人口50万以上の自治体に居住している人＝約3割（29.5％）
というおおよその人口分布が説明できる。

　こうした実際の日本国民の人口構成に対して，人々は，どの程度の人口規模の自治体に居住していることを，都市に居住しているとイメージしているのだろうか。この疑問を解明するために，私は，2006年度秋学期に担当した関西学院大学「都市社会学Ａ」および関西大学「社会調査法」受講生を対象に以下の「都市イメージ調査」を実施した。

「都市イメージ調査」調査内容

調査対象：
　(1)大阪府下43市町村　(2)47都道府県の県庁所在市
調査項目：
　①それぞれの自治体について，都市だと思うところには〇を，都市ではないと思うところには×を記入。
　②それぞれの自治体を人口順に並べ，どこまでが都市と思うかの境界線を記入。
　③それぞれの自治体についての土地勘を調べるため，住んだことがある場合は◎，行ったことがある（自動車や電車等で通過しただけの場合は除く）場合は〇を記入。の3点について調査した

　まず表1－6の大阪府下の43市町村の都市イメージに着目してみ

第Ⅰ部
都市の定義と都市のリアリティ

表1-6 「都市イメージ調査」(1) 大阪府43市町村

市町村	人口		「都市だと思う」		訪問・居住経験あり (%)
	(順位)	(人数)	(順位)	(%)	
大阪市	1	2,628,776	1	99.2	95.1
堺市	2	831,111	2	86.8	49.6
東大阪市	3	513,744	3	81.2	46.7
枚方市	4	404,004	7	62.0	53.8
豊中市	5	386,633	6	62.8	49.6
吹田市	6	353,853	5	65.8	73.3
高槻市	7	351,803	4	71.8	75.6
八尾市	8	273,474	10	39.2	23.1
茨木市	9	267,976	8	55.8	58.3
寝屋川市	10	241,825	11	38.5	24.9
岸和田市	11	200,984	9	41.7	18.4
和泉市	12	177,837	14	28.3	17.3
守口市	13	147,479	13	30.2	21.1
門真市	14	131,674	12	32.0	34.2
松原市	15	127,268	20	15.1	10.5
箕面市	16	127,132	16	22.9	39.1
大東市	17	126,478	18	16.2	10.2
富田林市	18	123,800	21	15.0	27.8
羽曳野市	19	118,686	22	13.5	13.2
河内長野市	20	117,243	23	13.2	17.0
池田市	21	101,643	15	27.1	27.5
泉佐野市	22	98,876	17	19.2	19.2
貝塚市	23	90,312	26	10.6	10.9
摂津市	24	84,997	19	15.4	19.6
泉大津市	25	77,674	25	10.9	9.0
交野市	26	77,643	30	4.5	10.9
柏原市	27	77,065	29	6.4	9.8
藤井寺市	28	65,774	27	7.9	15.8
泉南市	29	64,686	32	3.0	5.7
高石市	30	61,126	31	4.5	7.2
大阪狭山市	31	58,207	33	2.6	9.8
阪南市	32	57,617	28	7.5	7.9
四條畷市	33	57,339	24	11.3	17.7
熊取町	34	44,505	38	0.8	5.6
島本町	35	29,054	35	1.1	6.4
豊能町	36	23,927	38	0.8	6.8
岬町	37	18,504	38	0.8	7.9
忠岡町	38	17,586	43	0.0	1.9
河南町	39	17,545	42	0.4	3.0
太子町	40	14,482	35	1.1	6.0
能勢町	41	12,891	33	2.6	11.3
田尻町	42	7,239	35	1.1	2.3
千早赤阪村	43	6,538	38	0.8	6.4

注：N＝268（関西学院大100＋関西大168）。人口の数値は2005（平成17）年国勢調査。

よう。

　都市だと思う自治体を多い順に10位まで並べてみると，大阪市が（99.2％）で圧倒的に多く続いて，堺（86.8）・東大阪（81.2）・高槻（71.8）・吹田（65.8）・豊中（62.8）・枚方（62.0）・茨木（55.8）・岸和田（41.7）・八尾（39.2）という順になっている。過半数の学生が都市と思うという規準で考えると，茨木（人口26万）以上を都市とイメージしていたのである。

　この結果が，関西学院大学・関西大学生の土地勘に大きく規定されているという事実については，考慮する必要はあるだろう。すなわち，関西学院が西宮市，関西大総合情報学部が高槻市に立地していることによって，特に大阪府北部地区の自治体（高槻・吹田・茨木・池田等）に土地勘をもった学生が多く，都市イメージに影響（それらを高く評価する）を与えていたと考えられる。

　またどこに都市の境界線を引いたかについての平均値は，10.4であり，10位の寝屋川市（人口24万）と11位の岸和田市（人口20万）の間で境界線が引かれたという結果が明らかになった。今回の都市イメージ調査の結果では，「人口が最低20万以上あり，かつ自分が都市的と思った自治体を『都市』としてイメージしている」というのが平均的な学生の都市イメージであると考えられる。

　続いて表1-7に示されている全国の47県庁所在都市の結果に着目してみよう。学生が都市だと思う比率が多い都市順に並べてみると，東京23区・大阪が99.2％と最も多く，横浜・名古屋・神戸が98.5％，続いて京都（94.4），札幌・福岡（92.9），広島（82.0），さいたま（77.1），仙台（74.8），千葉（71.4），静岡（48.1）という順番である。過半数の学生が都市と思う規準では，いわゆる政令指定都市が該当し，12位の千葉市までが7割以上の学生が都市と位

第Ⅰ部
都市の定義と都市のリアリティ

表1-7 「都市イメージ調査」(2) 47都道府県の県庁所在都市

市町村	人口		「都市だと思う」		訪問・居住経験あり（％）
	（順位）	（人数）	（順位）	（％）	
東京23区	1	8,483,050	1	99.2	69.5
横浜市	2	3,579,133	3	98.5	38.0
大阪市	3	2,628,776	1	99.2	94.4
名古屋市	4	2,215,031	3	98.5	45.1
札幌市	5	1,880,875	7	92.9	48.1
神戸市	6	1,525,389	3	98.5	89.5
京都市	7	1,474,764	6	94.4	90.2
福岡市	8	1,400,621	7	92.9	33.0
さいたま市	9	1,176,269	10	77.1	10.2
広島市	10	1,154,595	9	82.0	51.5
仙台市	11	1,024,947	11	74.8	11.3
千葉市	12	924,353	12	71.4	27.8
新潟市	13	785,067	20	29.7	8.3
静岡市	14	700,879	13	48.1	20.7
岡山市	15	674,605	16	35.3	41.0
熊本市	16	669,541	17	32.0	16.2
鹿児島市	17	604,387	15	37.2	15.8
松山市	18	514,944	22	26.7	16.2
大分市	19	462,322	25	17.7	10.9
宇都宮市	20	457,557	17	32.0	3.8
金沢市	21	454,607	20	29.7	23.3
長崎市	22	442,624	14	41.9	33.5
富山市	23	421,156	29	12.4	14.3
岐阜市	24	399,921	28	12.5	20.8
長野市	25	378,495	26	17.4	38.9
和歌山市	26	375,718	24	18.5	46.6
奈良市	27	370,106	23	26.4	70.6
高松市	28	337,895	27	15.4	22.2
高知市	29	333,407	30	11.3	18.0
秋田市	30	333,047	36	8.3	5.3
前橋市	31	318,653	35	9.8	0.4
那覇市	32	312,308	19	31.6	35.3
青森市	33	311,492	33	10.5	6.0
宮崎市	34	310,092	33	10.5	10.9
大津市	35	301,664	31	10.9	27.1
福島市	36	290,867	39	7.1	3.8
盛岡市	37	287,186	31	10.9	5.6
徳島市	38	267,845	37	7.9	16.2
水戸市	39	262,532	39	7.1	1.5
山形市	40	255,959	43	5.6	3.4
福井市	41	252,224	37	7.9	14.7
佐賀市	42	206,973	42	6.0	9.0
鳥取市	43	201,727	39	7.1	25.6
松江市	44	196,603	44	5.3	10.2
甲府市	45	194,245	47	4.1	4.1
山口市	46	191,682	44	5.3	12.4
津市	47	165,417	46	4.5	13.9

注：N=268（関西学院大100＋関西大168）。人口の数値は2005（平成17）年国勢調査。

置づけている。境界線の結果では、平均値が15.2であり、15位の岡山市（67万）と16位の熊本市（66万）の間で、平均して境界線が引かれていたということになる。

　県庁所在都市に関する結果からは、人口規模では約70万以上の都市を、また実感としては政令指定都市を都市とイメージしているという実態が明らかになったと整理できるであろう。

（２）〈地方の大規模都市〉と〈大都市圏の小規模都市〉どちらが都市か
　県庁所在都市のイメージ調査で注目されるのは、土地勘のない地方都市への評価が現実とずれる場合が多いという特徴である。たとえば新潟市や東北の都市（秋田・福島・山形）、前橋市、大分市は、人口の順位よりも都市だと思う学生の比率の順位が低くなっている。土地勘がなく人口順位より都市と思われているのは宇都宮市であった。それに対して、関西の学生が行ったことが多い長崎市や那覇市は、人口順より都市と思う学生の比率は高いのに対して、長野市の場合はその比率は低く出ているという特徴があった。

　人は実際の都市人口についてそれほど正確に把握しているわけではないのである。この現実については、私が毎年「都市社会学 A」の最初の講義に実施している Initial Examination の以下の集計結果からも読み取ることが可能である。

　この試験は、カリフォルニア大学バークレー校の C. S. フィッシャー教授が1991年春学期の「アメリカ社会論」という学部生向けの講義でおこなっていた手法をまねて実施するようになったものである。試験とはいっても、講義内容に関心をもってもらうためのクイズ形式の調査である。都市人口に関する以下の７つの質問（（　）内は、参考のため2005年国勢調査データを後で記入した都市人口の

第Ⅰ部　都市の定義と都市のリアリティ

表1-8　2006年「都市社会学A」Initial Examination の「都市人口に関する質問」と回答結果

A：大阪市の人口は300万人を超えている 　　　　　　　　　　　　　　（大阪市：262万人）	はい 62.0%	**いいえ 38.0%**
B：堺市は岡山市よりも人口が多い 　　　　（堺市：83万人　岡山市：67万人）	**はい 74.8%**	いいえ 25.2%
C：奈良市は鹿児島市よりも人口が多い 　　　　（奈良市：37万人　鹿児島市：60万人）	はい 49.1%	**いいえ 50.9%**
D：和歌山市は松山市よりも人口が多い 　　　　（和歌山市：37万人　松山市：51万人）	はい 38.0%	**いいえ 62.0%**
E：東大阪市は西宮市よりも人口が多い 　　　　（東大阪市：51万人　西宮市：46万人）	**はい 44.4%**	いいえ 55.6%
F：宝塚市は明石市よりも人口が多い 　　　　（宝塚市：21万人　明石市：29万人）	はい 56.1%	**いいえ 43.9%**
G：神戸市の人口は約何万人だと思いますか 　　　　　　　　　　　　　　（神戸市：152万人）	110万人 12.1% **150万人 32.7%** 190万人 8.4%	130万人 29.9% 170万人 16.8%

注：■■■ が正解。

正解）は，一見簡単なクイズのようでいて，じつはとても難問である。毎年数多い受講生の中で，全問正解者は一人もいない場合が多く，過去の全問正解者はほんの数名に過ぎないのが実態である。

表1-8，1-9は，学生の多くが必ずしも正確に都市人口を把握していないという事実だけでなく，学生が都市的な要素をそれぞれの自治体に対してどのように感じているかという結果を示唆している点で興味深い。

〈大都市圏の大規模自治体〉と〈地方の大規模自治体〉との比較となっている堺市（人口83万）と岡山市（67万）の場合，7割以上の学生が大都市圏の堺＝正解を回答している。それに対して，次の3つの比較の場合は，正解率がほぼ半々という微妙な結果を示している。

表1-9　都市人口に関する設問の正答率　　(単位：％)

	2006年		2005年	2004年	2003年	全回答平均
	関西学院都市社会学A	関西大学社会調査法	関西学院都市社会学B	関西学院都市社会学A	関西学院都市社会学A	
A：大阪人口300万以上	38.0	58.3	41.4	42.7	45.2	47.1
B：堺市＞岡山市	74.8	76.8	53.4	75.6	66.4	71.4
C：鹿児島市＞奈良市	50.9	61.9	46.6	58.5	45.7	53.9
D：松山市＞和歌山市	62.0	56.5	63.8	66.7	56.0	59.9
E：東大阪市＞西宮市	44.4	53.6	46.6	67.9	57.8	54.0
F：明石市＞宝塚市	43.9	46.7	36.2	47.5	46.6	45.1
G：神戸人口約150万人	32.7	32.3	41.4	39.0	46.6	37.6
分析対象サンプル数	108	168	58	82	116	532

注：有効回答数（除くN. A.）に対する正答率。

- 〈地方の大規模自治体〉と〈大都市圏の中規模自治体〉の比較
  　鹿児島市（60万）と奈良市（37万）
- 〈地方の大規模自治体〉と〈大都市圏近接の中規模自治体〉の比較
  　松山市（51万）と和歌山市（37万）
- 〈南大阪の大規模自治体〉と〈阪神間の大規模自治体〉の比較
  　東大阪市（51万）と西宮市（46万）

　これらの結果は，「〈地方の大規模自治体〉と〈大都市圏の中規模自治体〉どちらが都市か」といった比較等が，都市を位置づける場合に難問を提供していたことを示唆しているといえる。

　この点に関しては，2004年のInitial Examinationで別な観点から質問を実施している。これは，〈大都市圏の大規模自治体（西宮市）〉〈地方の大規模自治体（松山市）〉〈大都市圏の小規模自治体（和泉市）〉について，都会だと思うか田舎だと思うかを質問したものである。西宮市（46万）と松山市（51万）の比較では，明確な差

表1-10　2004年「都市社会学A」Initial Examination の回答結果

(N＝83　単位：%)

Q. ○○市は都会だと思いますか，田舎だと思いますか。

	西宮市	松山市	和泉市
1．都　会	7.2	4.8	13.3
2．どちらかと言えば都会	62.7	39.8	30.1
3．どちらかと言えば田舎	30.1	41.0	51.8
4．田　舎	0.0	12.0	2.4

が表われているが，松山市と和泉市（17万）の比較では，微妙な数字が表われている。全体的には，松山市のほうがどちらかといえば都会という結果と読めるが，明確に「都会」と答えた者の比率は和泉市が，明確に「田舎」については松山市が多くなっている（表1-10）。これらの数字は，両者を比較することがとても悩ましいという事実を示唆しているといえるだろう。

　また表1-9の明石市（29万）と宝塚市（21万）の比較では，過半数の学生が実際は人口が少ない宝塚市を回答していた。この誤答については，「西宮市と隣接していることに引きずられた」等いろいろな原因が考えられるが，〈大阪に近い都市〉＝宝塚市と〈大阪から遠い都市〉＝明石市，という原因も大きな要素として位置づけることが可能である。こうした比較に関しては，以前私の研究室で実施した「4都市居住類型別調査」でも想定されていた。この調査は，西宮市（46万）・松山市（51万）・八王子市（56万）・武蔵野市（13万）の4都市を対象として居住類型に着目して比較調査を実施したものである（詳細については，本書8章参照）。八王子市は，新宿から中央線で約1時間であるのに対して，武蔵野市は約30分の時間距離なのである。両市の比較は，「〈都心に近い小規模自治体〉と〈都心から遠い大規模自治体〉とどちらが都市か」という問題を含んでおり，やはり「悩ましい選択」なのである。

以上，都市を〈行政都市〉と考えた場合でも，簡単に定義できるわけではなく，「人口何万以上の自治体を都市と位置づけるのか」「〈地方の大規模自治体〉と〈大都市圏の小規模自治体〉はどちらが都市なのか」「〈都心に近い小規模自治体〉と〈都心から遠い大規模自治体〉とどちらが都市なのか」等多くの問題を抱えているのである。都市を定義すること自体，とても難しい問題なのである。

第2章　古典的都市の定義と都鄙論

1　都市の古典的定義——城壁と自治

　　ヨーロッパにおいて都市は，都市国家としての性格を強くもち発展してきた。多くの都市は城壁をもち，他の都市国家と対峙していた。都市国家の中では，契約によって自治的に団体形成がなされていたのである。ヨーロッパで都市を考える場合，城壁や自治という観点がきわめて重要な要素である（W. Sombart　1902）。この観点は日本ではとても希薄な視点であり，「一割自治」という言葉に象徴されるような地方自治が弱い実態とも繋がっている。

> フォンマウラー（Von Mauler）
> 　「都市とは城壁をめぐらした村落である」
> カルゼン（O. Kalsen）
> 　「都市の特徴をなすのは，それを囲う城壁にあるのではなく城壁の保護の下に成長する独特な団体形成に基づく生活である」
> フォンユスティ（J. H. G. Von Justy　1758）
> 　「都市とは，保護された場所に，市会と名づけられる行政委員会またはその他の公安施設の司掌のために任命された官吏の監督及び指揮の下に相互に隣接して居住し，以て当該地方の必要及び便益のため並びに当該地方における全有業階級の結合のために直接要求される業務及び職業を，ますます良好な結果，作用及び連関を以て営まんとする諸団体，諸家族及び諸個人の結合である」

都市国家の伝統は，たとえばイタリアサッカーのセリエAの熱狂にみられるように，都市人口数が必ずしも多くなくてもきわめて高い凝集性を生み出す源泉となっているのである。こうした西洋都市と日本をはじめとする東洋都市との違いに着目し，比較都市研究を展開したのは，ウェーバー（M. Weber）であった。

2 ウェーバーの比較都市類型論

ウェーバー（1864-1920）の比較都市研究は，きわめて壮大なものである。彼は，世界宗教の経済倫理に関する比較研究や支配の諸類型についての政治社会学的研究をおこなった他の追随を許さない社会学の巨頭である。彼の研究の根底にあった問題意識は，以下の問題であった。

> **ウェーバーの問題意識**
> 「近代資本主義が，西欧においてのみ成立したのはなぜか」

宗教社会学の名著である『プロテスタンティズムの倫理と資本主義の精神』も，この問題意識に基づいて進められている。その本では，プロテスタンティズムの宗教倫理とエートスが，資本主義の精神を成立させていったことが膨大な宗教倫理の実証研究によって明らかにされている。

ウェーバーの都市研究は，以下の都市類型に基づいて比較研究が進められている。ただ類型化といっても，変数を組み合わせて分類基準を構成するという単純な類型化ではなく，解決されるべき彼の問題意識に即して，それを鋭く証明する方法として実践された類型化である。彼の比較都市研究の結論となるのは，近代資本主義が成

立するのは，西洋の中世の北欧都市であるという点であり，その類型化がその証明に使われているのである。

ウェーバーの都市類型

都市―東洋都市（非市民型）
　　　西洋都市（市民型）―古代都市（戦士型）
　　　　　　　　　　　　―中世都市（産業人型）―南欧都市（門閥型）
　　　　　　　　　　　　　　　　　　　　　　　―北欧都市（平民型）

西洋都市と東洋都市を決定的に違いづけるのは，西洋都市に〈都市ゲマインデ〉の団体的性格と〈市民〉の身分的資格があるのに対して，東洋都市にこの両概念が欠如している点とされている。彼が都市の理念型と位置づけた〈都市ゲマインデ〉は次のように定義されている。

都市ゲマインデ（＝都市の理念型）の定義

「少なくとも比較的強度の工業的・商人的性格をもった定住地であり，しかもさらに次の諸標識があてはまるようなもの
　(1) 防御施設をもつこと
　(2) 市場をもつこと
　(3) 自分自身の裁判所をもち，かつ（少なくとも部分的には）自分自身の法をもつこと
　(4) 団体の性格をもつこと
　(5) (4)と関連して，少なくとも部分的な自律性と自首性とをもつこと，すなわち，市民自身が何らかの仕方でその任命に参与するごとき官庁による行政をもつこと」

そして東洋において都市ゲマインデの成立を阻害したものとして，軍制と呪術の2点が指摘されるのである。

軍制に関しては，東洋的世界における生存方法の決定的要素たる治水と灌漑技術が国王的官僚制度を成立させたこと，その結果，個人と武力手段が分離されてきたことが重要な意味をもっている。東洋では住民は富力こそ強大であったとはいえ軍事的に団結して国王に対抗する能力をもたなかったのである。それに対して西洋的世界では，都市住民の団結や結社は常に都市の武装能力ある階層の団結であった点が東洋と決定的に違うのである。

　また呪術の観点としては，「支那の強固な家族・氏族制度，印度のカスト制度がそれら相互の排他性のゆえに，彼ら都市住民がひとつの共同体としての都市にまで契合することをゆるさなかった」点が指摘される。

　古代都市と中世都市との違いは，氏族・戦士的都市を構成原理として政治的志向性をもった古代都市と，個人としての市民・産業者的都市を構成原理として経済的志向性をもった中世都市として類型化される。すなわち資本主義との関連性は，中世都市が，平和的，産業的生業を営む市民からなる団体を基礎とする点に求められるのである。

　アルプス以南のイタリア・南フランス等の南欧都市とフランドル・北フランス・北ドイツ等の北欧都市との違いは，都市貴族によって市政が独占された門閥都市と手工業勢力が市政機関を掌握していた平民都市の違いとして類型化されている。南欧では，騎士たちはたいてい都市の内部に居住していたが，北欧では，はじめから都市外に居住していたか，都市から駆逐されてしまったのである。

　ウェーバーは，西洋中世都市に近代資本主義が成長した要因のひとつとして，市民たちによる一種の政治的自治組織である非正当支配としての〈都市ゲマインデ〉の重要性を指摘したのであり，そこ

に伝統主義的正当支配を変革する力を見出していたのである。西洋では都市国家が栄えたように，西欧の都市研究者には，都市がもっていた〈自治〉という側面が特に重要視されてきたのである。

3　農村社会との対比からの都市の定義——都鄙論

都市自治の視点とともに，古くから都市を定義する場合に欠かせなかったのは，経済的意味における農業以外という要素であった。以下の都市の定義にもみられるように，都市的産業としての商・工業や，農業生産物の消費地という点が都市を考えるうえでは重要な要素とされてきたのである。

> **ゾンバルト（W. Sombart　1902）**
> 「経済的意味における都市とは，比較的大なる人間の居住地にしてその生活物資を他者の農業労働の生産物にあおぐものである」
>
> **ウェーバー（M. Weber　1921）**
> 「経済的には都市とは，その住民の圧倒的大部分が農業的ではなく工業的または商業的な営利からの収入によって生活しているような定住である」
>
> **倉沢進（1984）**
> 「都市とは当該時代の当該社会のなかで，人口量の相対的に大きく，人口密度の高い，そして住民の生計が農業以外の産業に支えられている集落である」

経済的意味合いだけでなく，都市社会を農村社会と対比することによって都市を分析するという方法は社会学の中で長い歴史をもってきた。使用されてきた対比概念はバラエティに富んでいるが，都市社会と非都市社会の特質を対比させて位置づけるという考え方は共通していた。以下はライスマンがまとめた社会学における対比理

論の整理である。

ライスマン（L. Reissman 1964）：都市社会―非都市社会の対比理論

	【農村的・非都市的カテゴリー】	【都市的カテゴリー】
ベッカー	神聖	世俗的
デュルケーム	機械的連帯	有機的連帯
メーン	地位	契約
レッドフィールド	民俗	都市
スペンサー	軍事的	産業的
テンニェス	ゲマインシャフト	ゲゼルシャフト
ウェーバー	伝統的	合理的

これらの整理は，必ずしも都市化だけに着目して整理されたものではなく，産業化，官僚制化，世俗化，近代化の影響を指摘したものも含まれており注意が必要である。ただ，社会学理論が，農村的特質の対概念として都市的特質を位置づけるという方法によって発展してきたという点は，興味深い事実である。

ソローキン＆ジンマーマン（P. A. Sorokin & C. C. Zimmerman 1929）：「農村との対比による都市の複合的定義」

		【農村社会】	【都市社会】
1	職業	農業を主体とする	非農業的職業を主体
2	環境	自然的環境が優位	人為的環境が優位
3	地域社会の大きさ	都市より大	農村より小
4	人口密度	小（田舎的なる性質は人口密度に反比例）	大（都市的なる性質は人口密度に比例）
5	人口の同質性と異質性	同質（人種・社会心理的）	異質
6	社会分化・階層化	比較的単純な構成 役割分化―少ない 地位の高低差―少ない	社会分化が大きい 役割分化―大きい 大きい・多くの階層

7：社会的移動 　　移住の方向	少ない（地域・職業的） 農村から都市へ	多い 逆は少なく激変期等
8：社会的相互作用	接触範囲―狭い 直接的・対面的 １次的パーソナルな 関係	接触範囲―広い 間接的・非人格的 ２次的接触・皮相的

　農村社会と都市社会を自覚的に比較し，その特徴を詳細に分析した古典的研究としては，ソローキンとジンマーマンの『都市と農村』(1929) を挙げることが可能である。彼らは都市を農村と対比し，明確に異なる特徴を抽出することによって都市の複合的定義を試みた。これらの８つの指標は，その後，都市社会を考えるうえでは，重要な出発点となるものであった。その分析方法は，都市，農村の両者を比較検討する点から，都鄙二分論として位置づけられている。

　これに対して，レッドフィールドは都市社会と農村（民俗）社会とのあいだの変化を，ひとつの極から他の極へとある変数が増加したりあるいは減少したりする連続的な変化と考えた。彼は，1927～36年にかけてメキシコのユカタン半島で実施した調査をもとに都鄙連続体論を提起した。この調査は，人口規模の異なる４つのコミュニティ［都市（メリダ　人口10万）・町（ジタス　1200）・村（チャンコム　250）・部族（トゥシク　106）］間の相違を示す変数によって，民俗社会から都市社会への発展のプロセスを明らかにしようとした。その調査によって指摘された都鄙の差異を示す10変数は以下のとおりである。

> レッドフィールド（R. Redfield 1941）：
> 都鄙連続体論（都市の社会的文化的特徴の10変数）
>
> 1：孤立性が少ない
> 2：異質性が高い
> 3：分業が複雑
> 4：貨幣経済が発達している
> 5：宗教性の少ない世俗的な専門職業者をもつ
> 6：社会統制という点で組織度が低く，力の弱い家族制度をもつ
> 7：非人格的な統制手段に依存する度合が高い
> 8：インディアン系ばかりでなくカトリック系の信仰や慣習に対して関心が薄い
> 9：病気を道徳的な或いは単に慣習的な規則を破ったために起ると考えない
> 10：個人に大きな行動と選択の自由を与える

　これまで都鄙二分論と都鄙連続体論は，対比して位置づけられることが多かった。しかしそれらは，どちらが正しくどちらが間違っているという関係のものとしてではなく，「現実の都市が農村社会と対比することによって理解しやすいということ」，「都市的特徴の度合いの異なる都市が多様に存在しているということ」を象徴的に示していたと考えるべきであろう。

4　日本農業の変貌と都市化の実態

　日本社会にあっても，農業中心の社会構成から工業・商業といった都市的産業を中心とした社会構成への転換が戦後急速に進展していった。表2-1は，国勢調査における就業者の産業別割合の経年変化を整理したものである。

表2-1　全国の産業別就業者割合の推移（15歳以上就業者） (単位：%)

	1920年	1930年	1940年	1950年	1960年	1970年	1980年	1990年	2000年
第一次産業	53.8	49.7	44.3	48.5	32.7	19.3	10.9	7.2	5.0
農業	51.2	47.1	41.7	45.4	30.1	17.9	9.8	6.4	4.5
林業	0.7	0.6	0.9	1.2	0.9	0.4	0.3	0.2	0.1
漁業	2.0	1.9	1.7	1.9	1.5	1.0	0.8	0.6	0.4
第二次産業	20.5	20.3	26.0	21.8	29.1	34.0	33.6	33.3	29.5
鉱業	1.6	1.1	1.8	1.6	1.2	0.4	0.2	0.1	0.1
建設業	2.6	3.3	3.0	4.3	6.1	7.5	9.6	9.5	10.0
製造業	16.4	15.9	21.1	15.8	21.7	26.1	23.7	23.7	19.4
第三次産業	23.7	29.8	29.0	29.6	38.2	46.6	55.4	59.0	64.3
運輸・通信	3.8	3.9	4.2	4.4	5.0	6.2	6.0	6.0	6.2
卸・小売・飲食	9.8	13.9	12.6	11.1	15.8	19.3	22.8	22.4	22.7
サービス	7.1	8.4	8.9	9.2	12.0	14.6	18.5	22.5	27.4
その他の第三次産業	2.9	3.6	3.2	4.9	5.4	6.5	7.8	8.1	8.0
就業者総数（千人）	27,261	29,620	32,483	36,025	44,042	52,593	55,811	61,682	62,977

出典：総務省統計局「国勢調査報告」より作成。

　1920（大正9）年時点では，就業者の過半数（51.2%）は農業に従事していた。その後，全就業者に占める農業従事者は減少し続けていく。特に1970年には，17.9%，2000年には4.5%と激減している。こうした日本の農業社会からの転換という実態は，表2-2に示される，専業・兼業農家の割合をみてもよく理解することができる。

　統計が異なるので若干実施年が異なっているが，1919（大正8）年，総農家の70%が専業農家であった割合は，2000（平成12）年には，18.2%にまで減少してきている。また兼業農家でも農業を主としない第二種兼業農家の比率は，統計を取り始めた1941（昭和16）年以降年々増加し続け，2000年には，総農家の66.8%を占めるにいたっているのである。

　日本全体の産業構造という観点に着目してみると，戦後，高度経

第Ⅰ部
都市の定義と都市のリアリティ

表2-3 専兼業別農家数の推移

年次	総農家数	専業農家		兼業農家					
				兼業農家 計		第一種兼業農家		第二種兼業農家	
1919(大8)年	5,481,187	3,837,080	70.0%	1,644,107	30.0%	—	—	—	—
1930(昭5)年	5,599,670	4,041,682	72.2%	1,557,988	27.8%	—	—	—	—
1941(昭16)年	5,498,826	2,303,901	41.9%	3,194,925	58.1%	2,040,103	37.1%	1,154,822	21.0%
1950(昭25)年	6,176,419	3,086,377	50.0%	3,090,042	50.0%	1,753,104	28.4%	1,336,938	21.6%
1960(昭35)年	6,056,630	2,078,124	34.3%	3,978,506	65.7%	2,036,330	33.6%	1,942,176	32.1%
1970(昭45)年	5,402,190	844,828	15.6%	4,557,362	84.4%	1,814,067	33.6%	2,743,295	50.8%
1980(昭55)年	4,661,384	623,133	13.4%	4,038,251	86.6%	1,002,262	21.5%	3,035,989	65.1%
1990(平2)年	2,970,527	473,359	15.9%	2,497,168	84.1%	520,560	17.5%	1,976,608	66.5%
2000(平12)年	2,336,909	426,355	18.2%	1,910,554	81.8%	349,685	15.0%	1,560,869	66.8%

出典:「農林業センサス累年統計書」より作成。

済成長とともに第二次産業，特に製造業が増加し，1970（昭和45）年には全就業者の26.1%が製造業就業者であるというピークの数字を記録している。この過程はまさに戦後の工業化の進展の段階と位置づけることが可能であろう。1970年以降は第三次産業中でもサービス業就業者の比率が増加し続け，2000年には，全就業者の27.4%をサービス業が占めるにいたっている。特に戦後の工業化の展開は，まさに都市化の進展と軌を一にしているのである。

5 戦後日本の地域開発政策と昭和の歴史

　　日本社会が，農村社会から都市社会へと転換をしていった背景を考察するためには，戦後，特に昭和の歴史を詳細に頭に入れておく必要があるだろう。それは，昭和という時代に実施された経済政策や国土計画が，農村の変貌や都市化の進展ととても深く関連していると考えられるからである。
　　表2-3は，戦後日本の地域開発の推移を，昭和の経済状況や社

表2-3 昭和の歴史と国土計画

1945(昭和20)年		敗戦
1950(昭和25)年	国土総合開発法	朝鮮戦争勃発
1955(昭和30)年		保守合同・55年体制
1956(昭和31)年		神武景気（もはや戦後ではない）・3種の神器（冷蔵庫・洗濯機・掃除機）
1958(昭和33)～61年		岩戸景気・新3種の神器（＋テレビ）
1960(昭和35)年		太平洋ベルト地帯構想・所得倍増計画（池田内閣）岸内閣（安保）後
1962(昭和37)年	全国総合開発計画（全総）・新産業都市建設促進法	
1964(昭和39)年		東京オリンピック（新幹線・高速道路開通）
1965(昭和40)年		ベトナム戦争北爆開始
1966(昭和41)年		ベトナム特需・いざなぎ景気・3C時代（カラーTV・クーラー・カー）
1967(昭和42)年		公害対策基本法
1968(昭和43)年～		学園紛争（70年安保）
1969(昭和44)年	新全国総合開発計画（新全総）閣議決定	
1970(昭和45)年		大阪万博開催・公害対策基本法根本改正
1972(昭和47)年		日本列島改造論（田中内閣発足）・沖縄返還
1973(昭和48)年		オイルショック・狂乱物価
1976(昭和51)年		ロッキード事件
1977(昭和52)年	第三次全国総合開発計画（三全総）閣議決定	田園都市構想（大平内閣）
1979(昭和54)年		第二次石油危機
1980(昭和55)年		産業構造審議会「80年代の通産政策のあり方」・テクノポリス構想
1981(昭和56)～83年		第二次臨時行政調査会（臨調）増税なき財政再建・行革
1983(昭和58)-84年		中曽根内閣アーバンルネッサンス
1985(昭和60)年		電電公社・専売公社民営化・G5・円高不況
1986(昭和61)年		前川レポート
1987(昭和62)年	第四次全国総合開発計画（四全総）閣議決定	緊急経済対策・NTT株売却
1988(昭和63)年		瀬戸大橋開通
1989(平成1)年		消費税導入

表2-4　戦後日本の地域開発の歴史

第一期　1950（昭和25）～1955（昭和30）年　**資源開発中心主義の段階** ・多目的ダム・石炭開発を中心とした資源開発と食料増産が図られた。 ・アメリカT. V. A.を模倣し、奥只見に代表される河川開発が進められた。 ・昭和25年の国土総合開発法により、昭和26年には全国51地域42県の候補地の中から、19地域の特定地域総合開発が指定された。
第二期　1956（昭和31）～1960（昭和35）年　**工業開発中心主義の段階** ・「開発が山から町へ移った」といわれたように、資本の効率を高めるという目的で、現象的には地方の工業化、素材供給型の重化学工業の誘致が進んだ。 ・鉄鋼＝川鉄（京葉・水島）富士（名古屋・大分鶴崎）八幡（堺・木更津）、石油＝四日市・岩国・徳山などの旧軍施設払い下げをめぐって争奪戦が展開された。 ・経済的背景としては、朝鮮戦争の特需ブーム及び自治体の財政窮乏による誘致条例の制定という背景があった。 ・昭和35年「所得倍増計画」の産物としての「太平洋ベルト地帯構想」を発表。
第三期　1961（昭和36）～1964（昭和39）年　**地域格差是正主義の段階** ・「太平洋ベルト地帯構想」が地域間の格差の進行を助長すると批判された。 ・その批判に対応しながら、しかも一方で公共投資の効率を低下させない方式として、昭和37年全国総合開発計画が制定された。 ・その特徴は、産業基盤の整備・開発を公共投資によって行う「先行投資主義」と、単なる地方への工場の分散ではなく、外部経済の集積によって新しい経済圏を作りだし開発の連鎖反応を生みだす中心としての都市を建設しようという「拠点開発方式」であった。 ・昭和37年には、新産業都市建設促進法が制定され、39府県44地域の申請があり、「史上最大の陳情合戦」が繰り広げられ、13地域が内定し、さらに政治的副産物として6工業整備特別地域が指定された。
第四期　1965（昭和40）～1969（昭和44）年　**過密・過疎対策の段階** ・これまでの地域開発が既成大都市の人口集中をとめられず、過密・過疎問題が深刻化した。 ・既成大都市圏に人口が集まるのをむしろ前提として対策の重点を考える発想が展開された。
第五期　1970（昭和45）～1973（昭和48）年　**大規模プロジェクト主義の段階** ・昭和44年新全国総合開発計画は、1：新ネットワークの形成（通信・航空・新幹線・高速道路網）、2：大規模産業開発（農業開発基地・工業基地・流通基地・観光開発基地の建設）、3：環境保全に関わるプロジェクト、といった大規模プロジェクトとして展開された。 ・生産と生活を含め国土全体を開発の波に巻き込み、国土の編成を図る発想。昭和47年田中角栄の日本列島改造論に代表され、目につく土地は大手業者に買い占められた。 ・その一方で、「開発か自然保護か」という問題提起や生活優先の主張としての住民運動が高揚。革新自治体が多く登場し、中央直結から市民参加がめざされた。政治文化が転換していく。
第六期　1974（昭和49）～1980（昭和55）年　**安定成長主義の段階** ・オイルショック（昭和48年10月の第四次中東戦争以降アラブ諸国〔OPEC＝石油輸出国機構〕がとった原油価格の4倍引き上げ、供給削減等の石油戦略）によって、日本が高度経済成長から安定経済成長への転換を余儀なくされる。

- さらに第二次オイルショック（昭和53年12月イラン政変を機に再び需要逼迫状態になり1バレル30ドル時代へ）。
- 昭和49年発表，昭和52年閣議決定された三全総では，これまでの工業開発優先から生活重視をめざす定住圏構想が提起された。しかし本質的には，新全総の列島改造路線が何ら修正されていなかった。

第七期　1981（昭和56）〜1989（昭和64）年　民活・既成緩和の段階
- 貿易摩擦・内需拡大・増税なき財政再建・行革・民営化がキーワード。
- 昭和58〜59年中曽根内閣アーバンルネッサンス，規制緩和と民間活力の導入による都市開発。儲かる公的部門の民営化と内需拡大の名目での公共事業＝瀬戸大橋63年開通。
- 昭和60年9月プラザ合意以降，為替レート切り上げ（直前240円台，62年12月123円台），急激な円高で円高不況が進行する。61年4月前川リポートで，内需拡大等7項目が提言される。
- 昭和62年「世界の中枢都市＝東京」と多極分散型国土の実現をめざす四全総が閣議決定，テクノポリス・リゾート・コミューター航空・全国一日交通圏等を標榜。
- 消費税法案のドサクサで1988（昭和63）年末　総合保養地域整備法「リゾート法」可決，国立公園・水源保安林・農業振興地域等の指定解除や用途変更，ゴルフブームと連動し，乱開発とバブル経済へ。

会状況と関連づけて筆者が年表として整理したものである。この表によって，戦後の産業構造の転換や都市化の進展を，当時の経済・社会状況と関連づけて理解することが可能になると思われる。

　戦後日本の地域開発の歴史については，松原治郎（1978）の開発政策の段階区分というとてもすばらしい先行研究が存在している。しかし松原の段階区分は第六期の安定経済成長の段階で終わっていて，昭和全体を網羅していないという欠点がある。ここでは松原の段階区分を踏襲し，第七期として民活・既成緩和の段階を加える形で，昭和の地域開発の歴史を筆者が再編成した（表2-4）。

　以上，戦後日本の地域開発の歴史は，国の経済政策と密接に関連しながら展開されてきた。日本の高度経済成長は，常に開発志向であった国土計画に基づいて実現してきたといっても過言ではないだろう。しかし，開発が大規模に進められてきた結果，東京一極集中，過密過疎問題，地価高騰やバブル経済をはじめ全国的な環境破壊も

同時に進展させてきた。開発の具体的内容は，新幹線，高速道路，河川，ダム，農地改良，林道建設といった社会資本整備に繋がる公共事業として展開されてきたのである。そうした土木建設事業を中心とした公共事業は，中央と地方を直結させる政治構造や，ゼネコンをはじめとする企業と（国会）議員の汚職構造，許認可をもつ官僚と天下り先を提供する企業との癒着構造といった，日本政治の政・財・官の癒着構造体質をしっかりと形成してきてしまったのである。

一方で，公害問題に端を発した住民運動は，1945（昭和20）年の敗戦当時当然であった，「お上には従っておいた方がよい」「長いものには巻かれろ」といった日本独特の政治文化を，「市民主体の政治」や「国民生活を優先する政治」を重視する政治文化へと激変させてきたと位置づけることも可能である。

無条件降伏した1945年からまだたった60年を経過したに過ぎない日本社会の中で，日本経済，日本政治の構造変化を読み解くためには，こうした昭和の歴史を十分に分析する必要があるといえるだろう。もちろん，日本における都市化や都市の実態を分析していくうえにおいても，こうした昭和史の十分な理解が，必要となるのである。

6 日本都市の形成過程と歴史的背景

農業社会から都市社会への変遷において昭和史が重要なように，日本都市の発展過程を歴史的にたどるという視点もまた非常に重要である。

日本の都市は，古代律令制の時代には，国府・国分寺所在地とし

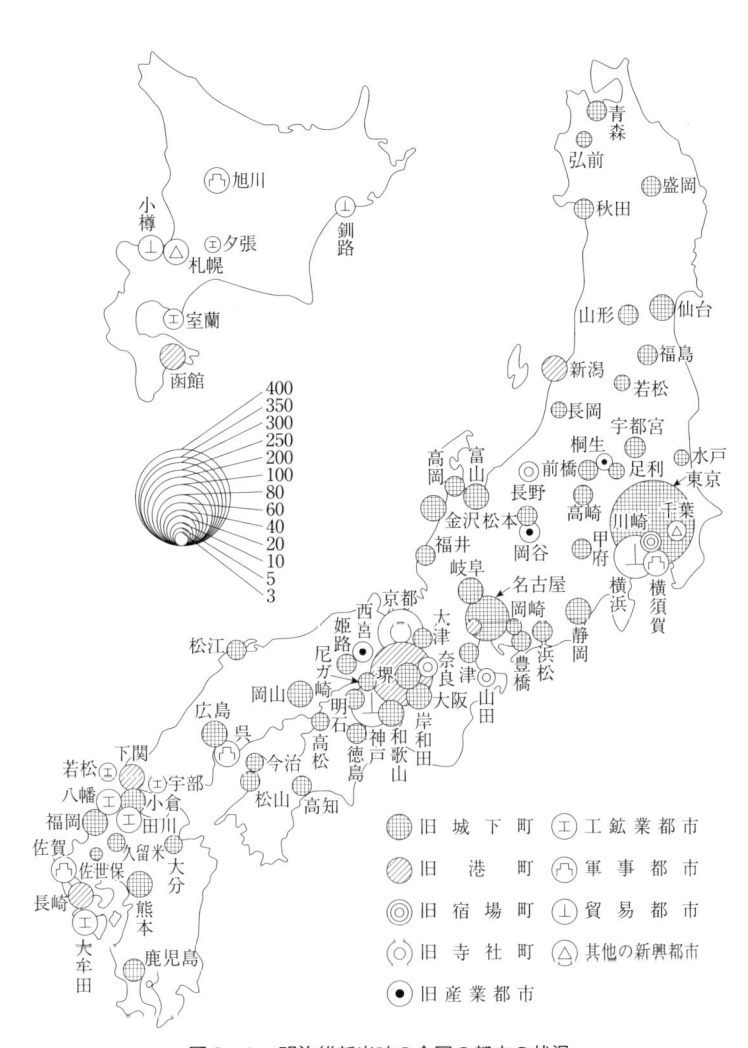

第2章　古典的都市の定義と都邇論　51

図2-1　明治維新当時の全国の都市の状況

出典：矢崎武夫『日本都市の発展過程』弘文堂，1962年，p. 10より引用。

て，また中世から近世においては，領国の城下町として，その多くが発展してきた。その形成過程については，歴史学・地理学を中心として多くの業績が残されてきている。

現在の日本都市が，どのような形成経緯をたどってきたかを概観するためには，次の3つの分類がとても参考になる。藤岡謙二郎（1968：pp. 46-47）の「都市の形成的分類」，山口恵一郎（1952：pp. 158-159）「形成次第による日本の都市分類」，矢崎武夫（1962：p. 8）「明治維新および産業革命下の全国都市の変動」である。ここでは，視覚的に全国都市の経緯が理解できる矢崎武夫の都市分類を引用しておこう（図2-1）。

この3つの都市分類で共通しているのは，日本都市の大多数が城下町を起源として発達してきたという事実である。日本の城下町の地域構造やその形成過程についても数々の研究がなされている。たとえば徳川時代の幕藩体制では，譜代と外様といった区別と石高といった基準等，大名と都市との関連が大きく関係していたのである。

表2-5は，現在の県庁所在都市と城下町の関連を整理したものである。

こうした歴史的背景は，都市や地域の特性を考えていくうえでは，とても重要な要素のひとつである。たとえば〈県民性〉といった地域特性は，地域の気候風土や経済状態ばかりでなく，歴史的な背景にも深く規定されている。現代社会では，都市化やマスコミの普及及び同一教科書による全国画一教育等によって生活の画一化が進んでいる。しかし一方で，地域によって生活様式や考え方・価値観が異なったり，好かれるお酒の種類が違ったりと地域の多様性を示す事実も厳然と存在している。

以下の事例は，四国の県民性として世間でよく指摘されてきたた

第2章
古典的都市の定義と都鄙論　53

表2-5　県庁所在都市と城下町

地域	県	都市	大名区分（家名）〈石高〉
北海道	北 海 道	札 幌 市	
東　北	青 森 県	青 森 市	
	岩 手 県	＊盛 岡 市	外様（南部）〈130〉
	秋 田 県	＊秋 田 市	外様（佐竹）〈205〉
	宮 城 県	＊仙 台 市	外様（伊達）〈280〉
	山 形 県	＊山 形 市	譜代（最上―秋元―水野）〈50〉
	福 島 県	＊福 島 市	（堀田〈100〉―板倉〈30〉）
関　東	茨 城 県	＊水 戸 市	三家（徳川）〈350〉
	栃 木 県	＊宇都宮市	譜代（奥平―松平―戸田）〈70〉
	群 馬 県	＊前 橋 市	譜代（酒井―松平）〈170〉
	千 葉 県	千 葉 市	生実＝譜代（森川）〈10〉
	埼 玉 県	浦 和 市	
	東 京 都	＊江　　戸	
	神奈川県	横 浜 市	
中　部	新 潟 県	新 潟 市	
	富 山 県	＊富 山 市	外様（前田）〈100〉
	石 川 県	金 沢 市	外様（前田）〈1,022〉
	福 井 県	＊福 井 市	家（松平）〈320〉
	長 野 県	長 野 市	田野口・松代
	山 梨 県	甲 府 市	府中（徳川）
	静 岡 県	＊静 岡 市	府中（徳川）〈700〉
	愛 知 県	＊名古屋市	三家（徳川）〈619〉
	岐 阜 県	岐 阜 市	加納＝譜代（松平―永井）〈32〉
	三 重 県	＊津　　市	外様（藤堂）〈323〉
近　畿	京 都 府	京 都 市	
	奈 良 県	奈 良 市	柳生＝譜代（柳生）〈10〉
	滋 賀 県	大 津 市	膳所＝譜代（戸田―本田）〈60〉
	大 阪 府	大 阪 市	
	和歌山県	＊和歌山市	三家（浅野―徳川）〈555〉
	兵 庫 県	神 戸 市	
中　国	鳥 取 県	＊鳥 取 市	外様（池田）〈325〉
	島 根 県	＊松 江 市	家（堀尾―松平）〈186〉
	岡 山 県	＊岡 山 市	外様（池田）〈315〉
	広 島 県	＊広 島 市	外様（福島―浅野）〈426〉
	山 口 県	＊山 口 市	外様（毛利）〈369〉
四　国	香 川 県	＊高 松 市	家（生駒―松平）〈120〉
	愛 媛 県	＊松 山 市	家（加藤―松平―久松）〈150〉
	徳 島 県	＊徳 島 市	外様（蜂須賀）〈257〉
	高 知 県	＊高 知 市	外様（山内）〈242〉
九　州	福 岡 県	＊福 岡 市	外様（黒田）〈520〉
	大 分 県	＊大 分 市	譜代（竹中―松平―大給）〈21〉
	佐 賀 県	＊佐 賀 市	外様（鍋島）〈357〉
	長 崎 県	長 崎 市	
	熊 本 県	＊熊 本 市	外様（加藤―細川）〈540〉
	宮 崎 県	宮 崎 市	
	鹿児島県	＊鹿児島市	外様（島津）〈770〉
	沖 縄 県	那 覇 市	

注：〈　〉＝明治2年の石高（単位1,000石）。
出典：「大名の所領高と城下町」藤岡謙二郎編『日本歴史地理ハンドブック（増訂版）』大明堂，1972年，pp. 124-144より作成した。

とえ話である（祖父江　1971）。以下の数字は，そのたとえ話がどの程度実際の統計数字と一致しているかという観点からデータを集めてみたものである。これらの数字は，〈県民性〉といわれる地域特性が実際存在すことを実証する数字と位置づけられるだろう。

四国の県民性と関連する統計数字

「思いがけないお金が入った時にどうするか」
　　愛媛＝「これ幸い」と物を買うなどしてしまう
　　香川＝そっくりそのまま貯金してしまう
　　徳島＝これを元手に何倍かに殖やそうとする
　　高知＝「祝杯だ」といって飲んでしまう
　　　　　　　出典：祖父江孝男『県民性』中公新書，1971年，p. 188。

	全国	東京	愛媛	香川	徳島	高知
1世帯当り全国銀行預金残高	100	312.11	55.18	82.47	71.04	40.57
1世帯当り郵便預金残高	100	94.91	93.75	121.85	121.32	90.95
1世帯当り農協預金残高（1987）	100	28.14	169.48	248.03	167.13	163.68
1人当りビール消費量（1985）	100	140.03	92.38	92.05	79.05	119.77
1人当り清酒消費量（1985）	100	102.58	110.10	112.50	107.12	150.91
1人当りウィスキー・ブランデー消費量	100	197.52	57.59	58.10	45.80	63.65

　　出典：『地域経済総覧』東洋経済新報社，1988年。

「ふだんの生活はできるだけきりつめてお金や財産を残したい」「そう思う」比率（NHK県民性調査）
　　全国44.8%　愛媛51.8%　香川53.5%　徳島45.4%　高知47.4%

「地域で異なる好む酒の種類」

	1985年度			1980年度		
	ビール	清酒	ウィスキー・ブランデー	ビール	清酒	ウィスキー・ブランデー
1	大阪	秋田	東京	東京	秋田	東京
2	東京	新潟	青森	大阪	島根	北海道
3	京都	島根	北海道	京都	新潟	青森
4	高知	山形	宮城	高知	山形	宮城
5	兵庫	富山	神奈川	兵庫	福島	神奈川
6	愛知	高知	山形	広島	鳥取	山梨
7	広島	福島	福島	愛知	高知	岩手
8	富山	鳥取	岩手	静岡	富山	福島
9	福井	石川	秋田	石川	長野	埼玉
10	和歌山	長野	大阪	神奈川	岩手	群馬

＊ビール＝都会・大都市　　清酒＝田舎・米所　　ウィスキー・ブランデー＝東日本
出典：『地域経済総覧』東洋経済新報社，1988年。

　都市の形成過程や幕藩体制下の状況といった歴史的要因は，都市を考えていくうえではとても重要な要素である。都市の発展過程への着目は，その後，都市社会学の領域では，都市分類の精緻化という面では多くのすぐれた研究が提起されたが（倉沢　1963, 1968, 高橋・吉瀬　1984, 倉田・ウィルキンソン　1968, 1969, 小内　1996），歴史的要因と〈県民性〉との関係といった都市の歴史的背景と〈都市的なるもの〉を結びつけて研究する方向には進展してこなかったのである。

第3章　結節機関の集積と都市人口

　日本の都市社会学研究において，世界的にもユニークな都市の定義を提起した研究者として，鈴木栄太郎（1957）を挙げることが可能である。社会学の本領を「社会生活の基本的構造と変化を究める」ことと位置づける鈴木栄太郎にとって，都市社会学の目的は「都市の社会生活における基本構造を明らかにする」ことと考えられている。鈴木は，都市の骨格となる基本構造を，「結節機関説」と「正常人口の正常生活の理論」の2つの観点から理論化した。

1　鈴木栄太郎の都市の定義と結節機関説

> **鈴木栄太郎の都市の定義（『都市社会学原理』1957）**
>
> 都市の定義＝「国民社会における社会的交流の結節機関をそのうちに蔵していることにより，村落と異なっているところの聚落社会である」
>
> 聚落社会の定義＝「共同防衛の機能と生活協力の機能を有するために，あらゆる社会文化の母体となってきたところの地域的社会的統一であって村落と都市の二種が含まれる」
>
> 地域的社会的統一とは＝「社会関係の地上への投影が，一定の地域の上に累積して，1つの独立体の形態を現わすように考えられる場合には，そこに1つの社会的統一が予想される」（近隣・村落・都市・行政的団体・都市依存圏・都市利用圏・通婚圏・伝承共同圏）

> 「機関こそ，都市をして都市たらしめている根本的な要素である」
> 「都市に人が多く住み多く往来するのは〈結節機関のために人が集まる〉〈結節機関を職場として人々が集まる〉ということからである」
> 「人口が稠密であったり，連簷戸数が多かったり，地価が高かったり，社会分化や社会流動が多かったり，住民の異質性や職業の種目が多かったりするのも，みな都市に社会的交流の結節機関が存する事から起こっている随伴的特性にすぎない」

　戦前から村落社会の実証的研究を進めてきた鈴木栄太郎は，アメリカ都市社会学において希薄だった全体社会の中で都市を位置づけるという視点から，社会的交流の結節機関に着目して，村落と共通の基盤から理論を展開した。

　鈴木の定義は，都市たらしめる結節機能の存在が村落に少しずつ加わることにより，村落から次第に都市が出現するにいたることを指摘したものである。すなわち都市とは，一定の規模の結節機関の一組が揃っている聚落社会であるというわけであり，機関を媒介として都市を把握しようとしたのである。

　彼自身，結節機関については体系的な概念規定を行ってはいないが，具体的に意味するものとしては次のようなものを挙げている。

９つの社会的交流の結節機関

1．商品流布の結節機関	卸小売商・組合販売部
2．国民治安の結節機関	軍隊・警察
3．国民統治の結節機関	官公庁・官設的諸機関
4．技術文化流布の結節機関	工場・技術者・職人
5．国民信仰の結節機関	神社・寺院・教会
6．交通の結節機関	駅・旅館・飛行場

7．通信の結節機関	郵便局・電報電話局
8．教育の結節機関	学校・その他各種教育機関
9．娯楽の結節機関	映画館・パチンコ屋

　すなわち，鈴木は都市の本質を社会的交流の結節的機能に求め，上記のような結節機関の存在が都市を規定していると捉えたのである。人の動きや移動の問題については下記の，「聚落社会間の社会的交流の形式」が吟味されている。

聚落社会間の社会的交流の形式

1. 人が人に対する関係（親戚・知人の訪問，病人見舞，冠婚葬祭等）
2. 人が機関に対する関係（通勤，通学，買い物，映画，娯楽等）
3. 機関が人に対する関係（たとえばセールス等）
4. 機関が機関に対する関係（公用，社用，商用等）

　鈴木はさまざまな調査研究を実施する中で，4つの聚落社会間の社会的交流の形式の中でも，人が機関に対する関係が比率的にも大きな部分を占めていることを指摘している。

　また都市に存する結節機関には，たとえば最高裁判所（東京）—高等裁判所（札幌・仙台・東京・名古屋・大阪・広島・高松・福岡）—地方裁判所・家庭裁判所・簡易裁判所といったように上下関係や階層構造をとっている場合が多い点も指摘される。そうした上下関係は，公的機関の管轄関係ばかりでなく，民間企業の本社―支社―営業所，商店や銀行等の本店―支店関係等，多くの機関に存在する関係であり，こうした上下関係と場所を描けるという点こそが，結節機関説が全体社会の構造を示している点として高く評価できるのである。

2 正常人口の正常生活の理論の特徴と問題点

　鈴木栄太郎は，アメリカ都市社会学が社会解体や社会病理といった異常生活に多くの関心をはらってきたことを批判し，普通の人間の日常生活行動の実態を把握するといった正常生活からのアプローチを展開した。

　鈴木が正常生活に着目し〈正常人口の正常生活の理論〉を立論するにいたった経緯は以下のようなものである。

正常人口の正常生活の理論の発想

「都市の社会生活は錯雑混乱をきわめている」
「この錯雑混乱の中に何か秩序や傾向を見出さんとするために科学的分析を試みる事は不可能である，というような表現も見られる」
「分析に入る前に，この混乱に対して何か処理しておく手順が必要」
「塵埃が混入している食品の成分を分析する場合，まず塵埃を除去する事が必要」
「都市の現象の中にも，規律性や秩序が存在しているかも知れぬが，それは塵埃に隠されているのでは？」
「都市の中に現に生活している私自身と私の家族，友人，知人，隣人等の生活について仔細に観察してみた。彼等の生活が如何に単調なものであるか，単調を破っている人の存在が如何に稀にみられる異例であるか，どこに都市生活の混乱を思わせるものがあるか，という事を確かめ，最後に結論として得たものが正常人口の正常生活の理論である」

「正常人口」「正常生活」の定義

正常＝「そのままの状態において生活の再生産が順調に行われ得る状態」

> 異常＝「その状態を仮に大多数又は全人口が持続すれば社会生活の存続はあり得ないと思われる状態」
> 異常人口＝「学校を卒業しても職を求めず職につかず遊惰放浪の生活をしている者，近親の財力によって気儘に生活している者，病人，白痴，不具者等，すべて生業によって生活の資を得ていない者」
> 正常人口の異常生活＝「郷里の父が訪ねてきて会社を休んで市内見物をしている・恋に浮かれた四十男が朝から官庁を休んで公園をぶらついている・友人の家の不幸で昨夜お通夜をしたため朝から工場を休んで寝ている・妻が重態であるため一週間近くも勤めを休んでいる」
>
> （原文ママ）

> **都市の社会集団の5分類と世帯・職域（学校）の重視**
>
> ①世帯　②職域集団　③学校　④生活拡充集団　⑤地区集団
>
> 人間の一代を考えてみると，1）学齢までの幼児期，2）入学から卒業までの就学期，3）職業期，4）老衰期，の4つの時期に区分可能である。日々の生活の型は，幼児や老人にも存しないわけではないが，強く集団の拘束を受けている就学期と職業期の生活は，多くは一定している。正常人口の正常生活は，世帯における生活と職場または学校における生活とにつくされており，生活拡充集団と地区集団は，共に生活の余暇に成立している集団であるとして，世帯と職域（学校）を，都市生活の支柱として重視したのである。
>
> それに対して生活拡充集団については，生活と社会的基盤をもたない余暇集団にすぎず，夜空に輝くネオンサイン程度のもので，研究対象に値しないものという否定的評価がなされた。

　また鈴木は，「都市にはさまざまの巨大なまた華麗な異常生活の場所がある。巨大なる都市には，無理でない異常生活を営む人が多くみられ，そういう人が劇場にもパチンコ屋にも朝からあふれている」と述べ，都市生活を錯雑混乱させている要素として正常人口の

異常生活を位置づけたのである。こうした生業には直接関係しない部分（異常人口と正常人口の異常生活をのぞけば），都市生活は，一定生活が営まれているのでありその構造こそが〈正常人口の正常生活の理論〉といえるのである。

（1）鈴木都市理論の問題点
① 「正常―異常」というワーディング
『都市社会学原理』は1950年代当時の時代背景のもとで立論された著作であり，「学校を卒業しても職を求めず職につかず遊惰放浪の生活をしている者」「恋に浮かれた四十男が朝から官庁を休んで公園をぶらついている」といった味のある表現もみられる一方，現在では不適当でとても使えない表現が散見される。「正常―異常」という理論名のワーディング自体，今日的には問題があるだろう。

② 結節機関説との論理一貫性の欠如
結節機関説で提起されている都市の捉え方は制度論・構造論的定義である。それに対して正常生活の概念は行為論的に規定されている。結節機関説で提起された構造と正常人口の正常生活の理論で指摘される構造がどのように相互に関連しているのかが不明である。その意味では，定義と方法に論理的一貫性がないといえる。

③ 骨格となる要素を取り上げた理論化の弊害
複雑で混乱した都市社会の諸要素の中から，多くの部分を捨象し，その骨格となる要素のみを取り上げて理論化を図ろうとするという方法は，きわめて画期的な発想であり学ぶところが多い。しかし，一方で過度に抽象化してしまうことによって，多くの部分が捨象され現実を見誤ることもある。たとえば，一定の生活という抽象化によって，高齢者・女性・病人等を捨象してしまうことが都市の構造

化といえるのかという疑問である。

④　生業を重視することの弊害

　鈴木理論は生業を特に重視することによって立論されている。しかし，生業を重視するあまり，定年退職者，主婦，ニートといった現代社会で注目を集めている部分は捨象されてしまうことになる。また生業の重視は，価値観の多様化した現代社会において重要な部分を占めてくる，余暇生活・友人関係・生活拡充集団・第三の空間といった要素の存在意義がまったく軽視されてしまうのである。

（2）鈴木理論に関する調査研究

　以下に整理する3つの調査研究は，鈴木都市理論を支持する，あるいは批判する観点から注目される代表的な調査研究である。

①　笹森秀雄の香典帳調査による社会関係分析

　笹森（1955）は，札幌市を対象として香典帳による社会関係の調査研究を行った。葬儀における香典帳には，「諸家族や家族員と親密な関係にある一群の家族又は個人の総体が，最も集約的に表現されている」という視点から彼は，1952・53年の2カ年間の各月10日及び20日の両日に死亡者を出した76家族（分析53家族）を対象として，香典帳に記載されている人々を，5つの集団類縁（鈴木栄太郎の提起した都市集団）に基づき分類した。結果は，職域集団類縁者が圧倒的に多く（47.6％），ついで地区集団類縁者（29.9％），血縁集団類縁者（16.5％）の順となり，学校集団類縁者（3.9％）や生活拡充集団類縁者（2.1％）の数は，前者に比してきわめて少数であるという事実が明らかにされた。

　この調査は，香典帳に記載された人々と故人との関係や親密度を不問にしたまま一律に量的に把握される点（たとえば，あまり親し

くはないが同じ職場ということで儀礼的に出席したという人と，趣味を通じていつも一緒に活動していたきわめて親しい人とが同じように1人とカウントされるという点）で実際の人間関係を必ずしも反映しない側面もあるが，この調査結果が，鈴木理論の職域重視，生活拡充集団の否定的評価という見解を補強する実証データとなった点には注目すべきである。

② 磯村英一の第三の空間の問題提起

磯村（1959）は，家庭（第一の空間）にも職場（第二の空間）にも属さないような人間関係によって特徴づけられる生活空間を第三の空間と位置づけ，都市生活を特徴づける決め手として重視した。磯村は，繁華街（盛り場）における生活拡充機能の集中を都市的生活構造の特徴として捉え，そうした〈マスの場（家庭や職場とは異なる，地位も身分も教養も問題とされない，匿名をおし通せる自由で平等な人間関係の場）〉における〈なじみ〉社会の成立の可能性を都市の重要な研究分野として位置づけたのである。磯村が生活拡充機能の指標として位置づけたのは，①人口の移動：基礎集団からの分離，②デパートの集中：消費機能の分化，③映画館の集中：娯楽機能の分化，④飲食店の集中：生活機能の分化，⑤旅館の集中：居住機能の分化，及び都心における公会堂，博物館，音楽堂，教会，公園等の存在も広義の生活拡充集団的機能の指標として考えられるとしている。

③ 越智昇の生活拡充集団の再評価

越智（1986）は，鈴木が「生業の余暇に，生活拡充のために同志が相寄って形成する社会的活動を意味するもの」と定義し否定的に評価した生活拡充集団（ボランタリー・アソシエーション）の現代社会における重要性を問題提起した。越智は，1980年から81年にか

けて，横浜市の地区センター・町内会館等の公的施設を利用する市民の自主活動団体を踏査的にリストアップした「横浜市文化団体調査」によって，横浜市内に5166団体（球技49.8％・趣味の会20.3％・球技以外のスポーツ7.0％・地域活動6.7％・文化教養4.6％・その他10.8％）の自主的活動団体が存在することを明らかにした。さらに1982年にはそれによって得られた横浜市緑区内の376団体の代表者への面接調査を実施し，多様な自主活動団体の性格と活力の類型を実証的に明らかにした（「自主活動団体の実態に関する調査」）。そうした一連の調査研究によって，ボランタリー・アソシエーションが，公認アソシエーション（町内会等の既存組織）の硬直化した構造を変容させたり，メンバー間の文化摩擦によって地域住民の自我の組み換えに貢献したりする等，都市型社会において，多様な下位文化形成機能をもっているという積極的側面を問題提起した。

3 結節機関の集積と人口増に関する議論

（1）行政機関の集積と都市人口——高松と松山の場合

鈴木栄太郎の弟子であった須田直之は，結節機関の中でも行政機関に注目し，行政機関の質的量的増大は都市の人口規模と不可分の関係にあると以下のように指摘している（須田 1961）。

> 行政機関の質的量的増大は，
> ①直接的関連人口として行政機関に所属する職員(A)とその家族(B)が増加
> ②間接的関連人口である行政機関の業務に関連する諸機関の職員(C)とその家族(D)の増加

> ③ (A)〜(D)の衣食住，保健衛生，交通，通信，教育，治安，娯楽，信仰等日常生活にサービスする諸機関の職員(E)とその家族(F)の増加を誘発
> ④ 又(A)(B)(C)各部分に再び波及して，都市人口は雪だるま式に増加する

　この須田の指摘は，都市に集積する行政機関が多ければ多いほど都市人口も多いという図式を提起したものである。この図式は，須田が例示した仙台市や札幌市の場合には合致しているが，四国の広域中心都市（高松市と松山市）の場合には当てはまっていない。ここでは，四国の結節機関の実態分析を通して，行政機関と人口増の問題を検討してみよう（大谷　1986）。

　表3-1は，四国管轄の行政機関の各都市への設置状況とその変遷を示したものである。行政機関は最初から現在のように高松市にあったわけではなく，戦後になって高松市に集中してきたのである。その大きな要因は，地方行政協議会の松山市から高松市への移転であった。1943（昭和18）年6月，戦局の進展に伴い地方行政の総合連絡調整を図るために全国9地区に設置された地方行政協議会は，当初松山市に置かれ，愛媛県知事が会長を務めていた。その後1945（昭和20）年4月，会長が香川県知事に転任したため，地方行政協議会も高松市に移転した。それに伴い，高松市に数多くの出先機関が移転もしくは設置されてきたのである（松山市に郵政関連の機関が残ったのは，軍部の意向〈移転による機能低下のため反対〉によって移転が延期されたためとされている）。

　問題となるのは，そうした行政機関の集積と都市人口との関連である。表3-2は，高松市と松山市の都市人口の推移を示したものである。戦後の都市人口の伸びは，国の出先機関が数多く集積して

表 3-1　四国管轄の行政機関（国の出先機関）の設置状況とその系譜

高松市	松山市	高知市	徳島市	その他（四国外）
41	6	3	2	21

＊特殊法人・特殊会社も含む。ただし四国内4市以外は除く。

〈高松市以外の3市に設置されている機関〉
　松山市：四国郵政監察局・四国郵政局・松山郵政研修所・四国電波監理局・NTT・NHK
　高知市：高知営林局・林業試験場四国支場・関西林木育種場四国支場
　徳島市：徳島地方貯金局・徳島通信病院

〈高松に設置されている国の出先機関とその系譜〉
［最初から高松に設置された機関と設置年度］
　四国地方医務支局・高松矯正管区（以上昭和20年）・高松法務局・高松陸運局・矯正研修所高松支所（昭和22）・四国管区行政監察局・人事院四国事務局（昭和23）・四国地方更生保護委員会・四国鉱山保安監督部・工業技術院四国工業技術試験所（昭和24）・高松入国管理事務所・四国地区麻薬取締事務所・国土地理院四国地方測量部（昭和26）・四国公安調査局（昭和27）・四国管区警察局（昭和29）・高松防衛施設事務所（昭和40）・高松国税不服審判所（昭和45）・法務総合研究所高松支所（昭和52）

［高松以外に置かれた後，移転されてきた機関］
　（大阪→高松）：公正取引委員会高松事務所（昭和42）・四国地方建設局（明治38大阪→大正8神戸→昭和18広島→昭和33高松）
　（松山→高松）：四国海運局（昭和19松山→昭和20高松）・四国通商産業局（昭和18松山→昭和20丸亀→昭和31高松）高松国税局（明治29松山・丸亀→明治35丸亀→大正13大阪〔香川・徳島・高知〕・広島〔愛媛〕→昭和18松山→昭和20高松）
　（丸亀→高松）：四国財務局（明治29丸亀→昭和24高松）・（高松国税局）・（四国通商産業局）・工業技術院地質調査所四国出張所（昭和22丸亀→昭和31高松）・工業品検査所高松出張所（昭和24丸亀→昭和32高松）
　（大阪〔香川・徳島・高知〕・広島〔愛媛〕→高松）：高松高等検察庁（昭和20）・（高松国税局）
　（善通寺→高松）：高松地方簡易保険局（昭和21京都→昭和24善通寺→昭和31高松）

〈四国外にあって四国を管轄する機関の設置状況（その他21の内訳）〉

神戸市	広島市	岡山市	大阪市
7	4	5	5

　神戸市：神戸税関・神戸植物防疫所・動物検疫所神戸支所・第三港湾建設局・神戸繊維製品検査所・第五管区海上保安本部・本州四国連絡橋公団
　広島市：南西海区水産研究所・第六管区海上保安本部・中国地方建設局・本州四国連絡橋公団（尾道市）
　岡山市：中四国農政局・関西林木育種場・国立公園管理事務所（倉敷市）・林開発公団岡山支所・本州四国連絡橋公団
　大阪市：大阪航空局・大阪管区気象台・日本鉄道建設公団大阪支社・日本道路公団大阪建設局・日本道路公団大阪管理局

出典：「四国管区行政機関要覧」より作成（大谷　1986）。

表3-2 高松市と松山市の人口の推移 (単位：人)

	1920年	1930年	1940年	1950年	1960年	1970年	1980年	1990年	2000年
高松市	144,869	168,943	175,145	210,350	243,538	274,367	316,661	329,684	332,865
松山市	51,250	82,477	117,534	163,859	238,604	322,902	401,703	443,322	473,379

出典：総務省統計局「国勢調査報告」より作成。

いった高松市よりは，松山市のほうがはるかに増加しているのである。この事実は，行政機関の集積が必ずしも人口増に結びついていないことを象徴的に示しているといえよう。

(2) 経済機関の集積と人口増──広域中心都市〈福岡〉の成立をめぐる議論

同様の疑問は，九州地方の広域中心都市〈福岡〉に関しても議論が展開されている。九州地方における国の出先機関所在地は，やはりはじめから福岡に集中していたわけでなく，長崎中心時代，熊本中心時代，福岡中心時代と変遷してきている。こうした国の出先機関の多くが福岡に移転されていたった背景に関しては，都市地理学の領域において，次の2つの議論が問題提起されていた。

広域中心都市〈福岡〉の成立をめぐる2つの議論

(A) 戦中から戦争末期の軍都としての役割に注目し，戦後それまでの九州の中心都市であった熊本市や長崎市から多くの政府出先機関が福岡市へ移転し，それに応じて資本・情報の大量集積が展開した

(B) 国の出先機関との前後関係を述べるなら，経済的なものがすでに集積しており一定のまとまりをもちはじめていた福岡市に，戦中から戦後の中央政府の意図が働いて政府出先機関が移転もしくは新設されていった

阿部和俊は，経済的中枢管理機能の歴史的集積状況分析結果から

は，後者の議論(B)の方が正しいという分析をおこなった。彼は，日本の主要都市における民間企業の本社・支所（支社・営業所・出張所）の立地状況を整理し，福岡市は支店数においては1907（明治40）年から，本店を含めても1935（昭和10）年には，長崎市・熊本市を大きく上回っていた事実を明らかにしたのである（表3-3参照）。

阿部の分析は，須田の見解を否定するとともに，都市の人口増は，行政機関と関連させるよりも経済的機関と関連させて考えたほうが理解可能であることを示唆したのである。

（3）職場としての結節機関──高松支店の特徴

ここで再度問題となってくるのは，松山市と高松市との関連である。阿部和俊が示した表3-3の本社・支所の数量においても，高松市は松山市を大きく上回っているのである。たとえば1975年の数字をみてみると，松山市が本社3・支所96であるのに対して高松市は，本社7・支所320と，約3倍の数字を示しているのである。人口増が経済的機関と関連しているという観点からしても，松山市と高松市の人口増については，うまく説明できないのである。

この疑問に関しては，高松市に存在する経済機関の特徴を詳細に検討することが肝要である。高松市に進出している大手企業（上場会社）の事業所を対象とした調査（百十四銀行本四架橋経済調査委員会ほか　1985）では，高松支店の特徴として次の2点が指摘されている。

①高松支店の従業員規模は，30人未満の比較的小規模の事業所が55％を占め，100人以上の事業所は15％にすぎない。

②高松支店の特性を概括すると，多業種が進出しているが，業務内容からみると，製品・物品の販売，工事の受注，サービスの

第Ⅰ部
都市の定義と都市のリアリティ

表3-3 本社, 支所の都市別分布とその変化

都市＼年次	1907(明治40) 本社	支所	1921(大正10) 本社	支所	1935(昭和10) 本社	支所	1950(昭和25) 本社	支所	1960(昭和35) 本社	支所	1975(昭和50) 本社	支所
札幌	4	5	1	9	1	31	5	150	7	348	12	656
釧路	1	1	1	2		3		9		53		67
函館	5	7	2	14	1	17		32		52	2	62
室蘭	1			4		3		11		56	1	49
小樽	6	10		20		36		57	1	69	3	28
仙台	3	8	1	11	3	34	2	101	7	223	7	614
青森	1	1		3		5		8	2	42	1	84
盛岡	3	1	2	1	3	2		6	2	41	1	80
秋田	1	2	1	2	1	6	1	12	1	49	2	75
郡山			3	1		3		7		19		60
福島	5	2	2	2	1	5	3	8	2	37	2	59
山形	2	1	1	1	1	2		6	2	25	1	47
東京	161	51	237	101	328	191	413	401	595	645	783	1,090
横浜	26	17	11	38	16	53	19	96	23	141	32	308
千葉	1	1		1	1	4	1	6	2	36	4	229
宇都宮	3	1	1	2	1	6	1	12	1	29		115
川崎			1		3	2	9	5	14	48	26	79
水戸	1	1		3	1	3	1	5	1	34	1	90
大宮				1		1				15	2	73
高崎	1	2	1	3	1	3	1	3	3	29	5	71
浦和				1		1	1	2	1	22	1	61
前橋	1	2	1	1	1	5	2	7	2	33	2	54
名古屋	19	15	15	47	23	113	24	221	45	511	63	867
新潟	8	7	2	7	4	10	2	53	5	103	7	276
静岡	4	1	1	5	3	9	2	33	2	63	1	259
金沢	2	9	2	13	3	26	3	49	6	85	6	203
富山	3	2	3	1	3	6	4	16	7	75	5	170
浜松	3	2	1	4	2	9	2	17	5	50	4	109
長野	5	2	2	3	2	4	1	4	2	39	2	101
岐阜	2	3	1	2	2	5	1	5	1	37	4	75
福井	1	5	1	5	1	11	2	19	2	58	5	64
四日市	4	3	2	1	3	4	5	6	5	49	3	54
津	4	1	1	1	4	2	1	4	2	22	3	41
甲府	4		1	1	2	3	1	5	1	30	1	38
大阪	52	47	105	108	125	197	113	390	185	668	249	1,098
神戸	27	29	37	65	26	84	28	111	43	160	40	268
京都	13	22	5	36	6	63	16	66	20	101	35	198
姫路	3	2	1	4	2	9	2	8	2	43	3	100
和歌山	5		3	2	2	10	1	7	2	44	3	77

第3章
結節機関の集積と都市人口　71

堺	2	1	1	1	2	6	6	6	3	16	11	60
尼崎	4		3	2	4	3	8	1	11	45	17	37
奈良	2	1		2	1	5	1	2	2	24	2	44
大津	1	2		1	2	2	1	3	1	16	1	36
広島	2	10	5	13	6	32	4	87	6	209	13	626
岡山	4	2	3	5	4	14	1	28	1	74	2	216
福山	1	1		1		5		2		28	1	80
徳山						1	2	1	1	36	1	60
下関	2	6	1	17	3	15	1	22	1	53	1	48
松江	3	1	1	2	2	4	1	4	2	27		39
山口	2			1		2		1		16		30
鳥取		2		2	1	5	1	2	1	26		18
高松	1	1		4	2	9	2	42	2	132	7	320
松山	5				3	5	2	11	3	53	3	96
高知	4		1	2	3	5	2	9	2	41	1	47
徳島	3	2	1	2		5		7	2	41	1	47
福岡	2	8	3	27	5	56	11	192	11	368	15	736
北九州											10	244
大分	1		1		2	3		5	2	38	1	123
長崎	1	4	7	12	3	12	1	27	1	67	1	116
熊本	1	2	2	6		11	1	34	1	56	2	114
鹿児島	4	2	5	5	4	6		14	1	49	2	111
宮崎	2			1	1	3		3	2	29		53
佐賀	2			1		4	2	7	2	27	1	31
小倉		1		4	3	10	1	35	2	87		
門司			1	27	1	36		60	1	61		
八幡		1	1		1	7	2	27	3	56		

出典：阿部和俊「民間企業の本社支所からみた経済的中枢管理機能の集積について」『地理学評論』50-6，1977年，p.363.

　　　　提供等大手企業の営業・販売部門がほとんどであり，製品の製造を行っているものはごくわずかである。

　　　　すなわち高松支店の多くは，製品の製造を行わない，営業・販売を主とする，比較的小規模の支店や営業所がほとんどなのである。このことは，〈職場としての結節機関〉という意味からは，あまり大きな意味をもっていなかったと考えられるのである。

　　　　たしかに，松山市と高松市では，工業製品出荷額も大手企業の工

表3-4 松山市と高松市の工業製品出荷額の推移

(単位:千円)

	1960年	1963年	1966年	1969年	1972年	1975年	1978年
松山市	47,903	83,320	106,560	169,511	188,035	409,980	432,043
高松市	17,533	33,259	53,785	105,761	158,976	234,273	284,499

出典:『全国都市統計総覧』東洋経済新報社,1982年より作成。

場数も圧倒的に松山市のほうが上回ってきたのである(表3-4)。松山の人口が大きく伸びてきたのは、工業出荷額に裏づけられる工場の立地等によって、〈職場としての結節機関〉が集積されていったことと関連づけて解釈することが可能であろう。

(4) 高度情報化による地方都市の地盤沈下(統括店機能の低下)

歴史的に高松支店は、四国地方の統括店として、四国内の支店の営業情報(受注情報・出荷情報)を取りまとめて本社に流すという統括店機能を有していた。すなわち、高松支店は、松山・高知・徳島の営業情報を四国全体の数字として統括し本社に情報を流していたのである。こうした企業の本社―統括店―窓口店の関係は、通信機器の発達に伴い、大きく変動してきている。

「ファクシミリ・テレックス等が進展していった1985年当時の高松支店の情報化の状況は、大手企業のオンライン化(「実施ずみ」56%、「着手中」11%)・本支店間の通信ネットワーク化(ファクシミリ・テレックスの利用率84%)という状況であり、高松支店の65%の受注情報は取引先またはその窓口店からストレートに本社に流れ、出荷情報の78%がその逆に流れていた。支店や本社から統轄店を経由して流れるものは、わずか受注情報で10%、出荷情報で16%に過ぎない状況であった。売上計上や売上金の流れにおいても、窓口店から直接本社へ流れるのが75%、77%と大半を占め、統轄店

(高松支店)を経由するケースは19％，11％に過ぎない状態であった」。

　高松支店の統括店としての中継機能の低下は，別な角度から捉えれば営業情報の中央集中化の進展であり，本社機能の拡大を意味するとともに，統轄店(高松支店)に対する窓口支店(松山・高知・徳島支店)の相対的地位を上昇させることにも繋がっていたのである。またそのことは，歴史的に西日本の情報を統括してきた大阪支店の中継機能も低下させることになり，いわゆる東京一極集中を加速化させる要因ともなったのである。

　その後，情報化は，インターネット・携帯電話の普及によってさらに高度に発展してきたのである。こうした高度情報化の進展は，地方中核都市や西日本の中心としての大阪の地盤沈下をさらに深刻化させる要因のひとつとなっている。

4　都市の中枢管理機能の変遷——東京への一極集中

　都市に集積する結節機関や都市機能の地域的配置に関する実証的研究は，都市地理学や都市経済学の領域においては，中枢管理機能研究として数多くの業績が蓄積されてきている。

　中枢管理機能の定義としては，経済企画庁の「当該都市およびその周辺地域の経済的，社会的活動を調査，研究，情報提供を通じて決定し管理し統制し，これらの活動を円滑ならしめる機能」という定義が一般的に使われている。管理機能のうち，周辺地域に対する支配影響力の強いものを中枢管理機能という。中枢管理機能は普通，経済的中枢管理機能，行政的中枢管理機能，文化・社会的中枢管理機能の3種があるといわれている。

都市の中枢管理機能に関する研究では一般に，中枢管理機能をその発現機関の側面からアプローチされるのが普通である．すなわち，機関の質と量を適当な操作で数量化することによって中枢管理機能の量的把握を試みようとするアプローチである．これらの研究方法は，結節機関や都市に集積する機関の実証的把握をめざしたものであり，まさに機関の集積状況の実態把握の方法を示したものといえよう．

　中枢管理機能の量的把握を試みた古典的研究としては，1967年3月に国土計画協会が実施した「都市機能の地域的配置に関する調査」を挙げることができる．この調査の量的把握の方法は，以下のようなものである．まず中枢管理機能を経済的機能，行政的機能及び文化・社会的機能の3種に分け，さらに，それら各機能が支配影響力を与える地域的な広がりに応じて機能A（全国的範囲を管理する機能），機能B（地方ブロック的な範囲を管理する機能）及び機能C（県単位の範囲を管理する機能）の3段階に区別する．次に，このように分類された各機能についてそれぞれの具体的な発現機関——中央官庁，民間企業の本社，大学など——を選び，主としてその機関で中枢管理業務に関係していると思われる職員の数によって各機能の大きさを計量する．以上の方法で全国の主要な62都市の中枢管理機能の強さを量的に把握し，この62都市の合計を100とした場合の各都市の各機能の大きさを表わしたものが表3-5である．

　この方法が画期的なのは，主要62都市の合計を100として集計されていることによって，全国に占める各都市の割合が明示される点にある．たとえば全国の中枢管理機能のどの程度が東京に集中しているのかがわかる点である．

　この数字は1967（昭和42）年という都市化が進展していた約40年

第3章
結節機関の集積と都市人口　75

表3‐5　1967（昭和42）年当時の中枢管理機能の階層構造
（主要62都市を100とした数字）

東京 (42.6)	
大阪 (11.6)	=東京のほぼ4分の1の集中度
名古屋 (5.9)	=大阪のほぼ2分の1
札幌 (3.2)　福岡 (2.8)　京都 (2.5)　仙台 (2.3)	=名古屋のほぼ2分の1
神戸 (2.3)　広島 (2.1)　横浜 (1.8) 北九州 (1.3)　金沢 (1.2)　高松 (1.0) 新潟 (0.9)　松山 (0.8)　岡山 (0.8) 長野 (0.8)　徳島 (0.5)　高知 (0.5)	=その他の県庁所在都市
堺 (0.3)　布施 (0.3)	=その他の都市

出典：国土計画協会「都市機能の地域的配置に関する調査」より作成。

前の数字ではあるが，日本社会の都市機能の地域的配置を見事に描写していたといえるだろう。

　その後同じ方法による調査はおこなわれていないが，東京への中枢管理機能の一極集中は，圧倒的に増えていったと考えられる。

　表3‐6は，阿部和俊が主要企業の本社・支所の最近の数字までを含めて，経済的中枢管理機能の変遷を整理したものである。東京の本社数は年々増加してきたが，対象企業数の増加の方が大きかったので，比率的には全体の40％（2000年）と若干低下してきているような数字となっている。大阪の本社数の割合は，全体の14.4％と多少の変化はあるがほぼ同じレベルで推移してきている。東京・大阪以外では，名古屋・神戸・京都・横浜に本社が多く，それらの都市は，大企業の本社所在地としての重要性をもっていると位置づけられる。福岡・広島・札幌にも本社は多いが，どちらかといえば支所の多い都市といえるだろう。これに対して支所数に対して本社数が多いのは川崎市である（本社26・支所201）。

　ここで問題となるのは，表3‐6が，登記上の本社数に基づいて

第Ⅰ部
都市の定義と都市のリアリティ

表3-6 主要都市における経済的中枢管理機能の状況 (1950〜2000年)

年次	1950		1960		1970		1975		1980		1985		1990		1995		2000	
対象企業数	780		1,216		1,576		1,709		1,721		1,817		2,037		2,241		2,500	
都市	本社	支所	本社	支所	本社	支所	本社	支所	本社	支所	本社	支所	本社	支所	本社	支所	本社	支所
1 東 京	413 (52.9)	401	595 (48.9)	645	765 (48.5)	944	783 (45.8)	1,090	786 (45.7)	1,091	823 (45.3)	1,165	894 (43.9)	1,355	919 (41.0)	1,514	1,001 (40.0)	1,627
2 大 阪	113 (14.5)	390	185 (15.2)	668	237 (15.0)	1,012	249 (14.6)	1,108	249 (14.5)	1,069	256 (14.1)	1,115	291 (14.3)	1,266	314 (14.0)	1,377	361 (14.4)	1,484
3 名古屋	24	221	45	511	65	870	63	967	63	974	71	1,034	81	1,192	88	1,348	98	1,435
4 福 岡	11	192	11	368	19	614	19	736	20	772	19	846	21	1,018	33	1,182	39	1,241
5 仙 台	2	101	7	223	4	478	7	614	6	685	6	727	8	913	9	1,035	10	1,129
6 広 島	4	87	6	209	10	511	13	626	14	656	18	718	19	854	21	967	23	1,028
7 札 幌	5	150	7	348	12	568	15	656	18	703	17	738	20	847	24	961	28	1,010
8 横 浜	19	96	24	141	33	263	32	308	35	343	35	397	40	587	50	657	58	757
9 高 松	2	42	2	132	4	262	7	320	6	346	6	374	7	501	10	491	12	597
10 神 戸	28	111	43	160	33	234	40	268	39	282	44	317	46	460	57	506	59	550
11 静 岡	2	33	2	63	1	189	1	259	2	284	6	320	3	456	4	494	6	550
12 金 沢	3	49	6	85	7	169	6	203	9	220	10	280	10	417	11	485	13	539
13 岡 山	1	28	1	74	1	169	2	216	2	241	1	275	4	425	7	466	10	537
14 千 葉	1	6	2	36	4	163	4	229	4	244	5	276	6	445	9	481	9	522
15 新 潟	2	53	5	103	8	219	7	276	8	320	7	347	8	457	9	481	8	512
16 京 都	16	66	21	101	31	152	35	198	38	289	39	251	41	419	48	458	55	511
17 大 宮				15	1	49	2	73	3	96	3	230	5	317	5	402	4	461
18 北九州	1				9	244	10	244	9	261	12	255	13	373	16	377	17	446
19 熊 本		34	3	56		91	2	114	4	122	4	251	6	318	6	350	6	420
20 鹿児島		14	1	49		74	2	111	2	132	2	267	3	315	5	350	5	415

注: 1 企業対象数は各年次の日本経済新聞社刊『会社年鑑』掲載の株式会社とダイヤモンド社刊『会社職員録』(1995年と2000年)の株式会社。
2 上掲の都市の順位は2000年の支所数による。
3 集計の原則は1企業1都市1支所 (支所は支社・支店・営業所・出張所・事務所)。

出典: 阿部和俊・山崎朗『変貌する日本のすがた――地域構造と地域政策』古今書院、2004年、p. 56引用。

表3-7 主要企業の複数本社制の状況

登記上の本社所在都市	第二本社の所在都市	1960	1970	1980	1985	1990	1995	2000
大阪	東京	0	22	31	32	67	83	96
大阪以外	東京	9	36	63	65	112	103	124
東京	大阪	0	1	0	0	6	8	9
東京以外	大阪	6	14	19	22	18	18	11
その他		2	13	11	12	60	54	52
計(a)		17	86	124	131	263	266	292
企業対象数(b)		1,216	1,576	1,721	1,817	2,037	2,241	2,500
$\frac{(a)}{(b)} \times 100$		1.4	5.5	7.2	7.2	12.9	11.9	11.7

出典:阿部和俊・山崎朗『変貌する日本のすがた——地域構造と地域政策』古今書院,2004年,p.56引用。

作成されているという点である。日本の大企業では,複数本社制を採用している企業も多くなってきている。表3-7は,主要企業の複数本社制の状況を示したものである。特に注目されるのは,登記上の本社所在都市は大阪,第2本社の所在都市が東京という企業の多いことである。その数は1960年に0であっものが,2000年には96社と増えている。このことは大阪の地位の対東京劣位のひとつの証左であり,東京一極集中を示す数字と考えられる。

第 II 部

アメリカ都市社会学の展開

　都市社会学という学問は，ヨーロッパではあまり発展せず，20世紀になって，アメリカのシカゴ学派を中心として学問的発展を遂げてきた。中でも，ワースが提起したアーバニズム論は，都市を独立変数とし，都市的生活様式や都市社会を従属変数とする都市社会学の基本的枠組みを創ったという意味で画期的なものであった。その後の都市社会学理論は，このアーバニズム論を批判する議論の積み重ねによって形成・発展してきたと位置づけることが可能である。そのことは，アーバニズム論を神話に過ぎないと痛烈に批判したカステルの以下の指摘にも象徴的に示されている。

> カステル（M. Castells 1969）
> 「アーバニズムという概念が都市社会学の本質的な理論的基礎となっていることは，議論の余地がない」

　第II部では，アメリカシカゴ学派の都市社会学がどのように形成され，アーバニズム論が生み出されたのか，アーバニズム論をめぐってどのような議論が問題提起され，最近ではどのような修正理論が提起されているのかについて整理検討していきたい。
　第4章では，20世紀初頭のシカゴでなぜ都市社会学が発展してきたのかという疑問を，シカゴの歴史的，地理的，社会的状況と関連づけながら考察する。そして，そのような環境下で生み出されてきた人間生態学という考え方がどのようなものだったのかを明らかにする。
　第5章では，ワースのアーバニズム論がどのような特徴をもった理論かを詳細に説明する。そして，ワース理論のどのような部分を批判する形で

調査研究が展開され,新たな視点が提起されてきたのかという観点から,都市社会学理論の展開を跡づける。

　第6章では,ネオ・アーバニズム論として提起されてきたフィッシャーの下位文化理論を詳細に検討する。まず,フィッシャーがどのようにワース理論を修正したのかを整理し,アーバニズム論とネットワーク理論が接合する形で立論されている構造を明らかにする。そしてその立論構造がアメリカ社会の文脈を色濃く反映している側面に着目し,日本的文脈からの再解読をおこなっていく。

第4章 初期シカゴ学派──人間生態学

1 アメリカ都市社会学──20世紀初頭にシカゴで大きな発展を遂げた理由

　どうして，20世紀初頭に，アメリカのシカゴという場所で，都市社会学が発展してきたのかということを理解するためには，アメリカ史とシカゴの状況を関連づけて考察することが肝要である。

　まず，次頁のアメリカの歴史年表（表4-1）を参考に考察してみよう。

　アメリカ合衆国の歴史は，1620年プリマス入植，1776年東部13州の独立から，一貫して西へ西への拡張・開拓・移住の運動を展開してきた。特にカリフォルニアをメキシコより買収した後の1848年にサンフランシスコ郊外のコロマで金鉱が発見された〈ゴールドラッシュ〉という歴史的事実は，西漸運動に拍車をかけることになる。シカゴは，そうした西への動きの拠点として，1869年に完成する大陸横断鉄道の中西部の出発点となっていたのである。また五大湖を使ってニューヨークとを結ぶ水路の拠点でもあったシカゴは，まさに中西部の交通の要衝であった。

　次に20世紀初頭という時代背景に着目してみよう。1914年にヨーロッパで勃発した第一次世界大戦は，世界の歴史においてとても重要な意味をもつ戦争であった。それは世界の経済の中心がイギリスからアメリカへ移っていく契機となったからである。移民によって

表4-1 アメリカ略史

1492年	コロンブス　西インド諸島到達
1620年	メイフラワー号　プリマス上陸
1776年	独立宣言
1848年	カリフォルニアをメキシコより買収，コロマ金鉱発見
1861年	南北戦争
1869年	大陸横断鉄道完成
1914-19年	第一次世界大戦
1929年	世界大恐慌
1933年	ニューディール政策開始
1941年	真珠湾攻撃
1945年	日本無条件降伏
1950-53年	朝鮮戦争
1962年	キューバ危機
1965-75年	ベトナム戦争激化―終結
1969年	アポロ11号月面着陸
1973年	第一次石油危機
1990-01年	湾岸戦争

建国されたアメリカ社会における経済発展は，全世界のいろいろな場所から数多くの移民を集めることになり，多民族国家としてのアメリカの姿を決定的にしていくのである。

このような歴史的・地理的・経済的背景によって，シカゴという都市は，未曾有の都市化を経験することになるのである。

表4-2にも示されるように，1840年に4500人足らずだったシカゴの人口は，金鉱発見後の1850年に3万，60年に11万，大陸横断鉄道開通直後の1870年に30万，80年に50万，90年には100万へと急速に増加している。さらに第一次世界大戦後の1920年には270万，その後も人口増加が続き1950年の362万の人口ピークまで都市人口が急速に増加し続けたのである。シカゴと同じような人口規模を有する日本の横浜市と大阪市の人口増加の状況と比較してみると，シカゴの都市人口の増加がとても長期間にわたって都市成長を経てきた

表4-2 シカゴ・横浜市・大阪市の市域人口（1840～2000年）

年	シカゴ（増加率）	横浜市（増加率）	大阪市（増加率）
1840	4,470		
1850	29,963 (570.3)		
1860	112,172 (274.4)		
1870	298,977 (166.5)		
1880	503,185 (68.3)		
1890	1,099,850 (118.6)	127,987	476,392
1900	1,698,575 (54.4)	205,106 (104.6)	881,344 (85.0)
1910	2,185,283 (28.7)	419,630 (0.8)	1,239,373 (40.6)
1920	2,701,705 (23.6)	422,938 (46.7)	1,252,983 (1.1)
1930	3,376,438 (25.0)	620,306 (46.7)	2,453,573 (95.8)
1940	3,396,808 (0.6)	968,091 (56.1)	3,252,340 (32.6)
1950	3,620,962 (6.6)	951,189 (-1.7)	1,956,136 (-39.9)
1960	3,550,404 (-1.9)	1,375,710 (44.6)	3,011,563 (54.0)
1970	3,366,957 (-5.2)	2,238,264 (62.6)	2,980,487 (-1.0)
1980	3,005,072 (-10.7)	2,773,674 (23.9)	2,648,180 (-11.1)
1990	2,783,726 (-7.4)	3,220,331 (16.1)	2,623,801 (-0.9)
2000	2,896,016 (4.0)	3,426,651 (6.4)	2,598,774 (-1.0)

注：横浜市・大阪市は市制施行が1889（明治22）年である。
出典：Population of the 100 Largest Cities and other Urban Places in the United States: 1790 TO 1990（U. S. Census Bureau）・横浜市統計ポータルサイト（横浜市行政運営調整局）・大阪市データーネット（大阪市計画調整局）より作成。

ことがその数字からも理解できるであろう。

　1920年，シカゴ全人口270万人のうち，外国生まれの人口は，ポーランド14万，ドイツ11万，ソビエト連邦10万，イタリア6万，スウェーデン6万，アイルランド6万，チェコスロバキア5万，イギリス4万，オーストリア3万であった。こうした多様な社会的背景をもった移民が，類似したもの同士の集住によって，シカゴは〈人種民族のるつぼ〉というよりは〈民族文化のモザイク〉という状況を呈していった（中野・宝月編　2003）。また多様な文化の並存は，伝統的社会規範の弛緩，排他主義，アノミー的社会状況を助長していき，その結果，犯罪・非行・離婚・売春・貧困・人種問題等，常

に数多くの社会問題を,シカゴという都市に発生させ続けていくことになるのである。

　シカゴ大学は,1892年,こうした急速な都市成長と多発する社会問題の真只中に創設された。A. W. スモールを学科長,W. I. トマスらをメンバーとして出発した社会学科は,1914年に R. E. パーク,1916年に E. W. バージェスがスタッフに加わるに及んで黄金時代を迎えることになる。シカゴ大学は,アメリカで最初に社会学科の大学院教育をおこなったところであり,その教育を受けた卒業生たちのほとんどが,全米各地の大学で社会学者として教壇に立っていくことになる。1895年には,アメリカで最初となる社会学雑誌 *American Journal of Sociology* が創刊されたように,シカゴ大学が当時の社会学研究の中心的役割を果たしていたのである。その事実は,1905年に創設されたアメリカ社会学会の創設から35年までの30年間の会長の出身大学に象徴的に示されている。25人の会長中12人はシカゴ大学の教授か出身者だったのである。その後,1934年のパークの退職,1936年にシカゴ学派の学会支配に対する不満から *American Sociological Review* の発刊が学会総会で決議された事実等にみられるように,30年代後半にはその勢いが急速に衰退していったが,シカゴ学派がアメリカ社会学会に大きな影響を残したことは確かな事実であった。

　シカゴ学派の研究スタイルは,当時の社会改良主義や都市改革を求める風潮およびプラグマティズム哲学の影響もあって,次の3つの特徴をもって研究が進められていった。

　1：経験的調査を重視する研究スタイル

　2：隣接分野との共同研究体制(学際研究)

　3：財政的支え(ラッセル・セイジ財団)や刊行機関(シカゴ大

学出版)

　特に，徹底したフィールド・スタディによる経験的調査研究の成果は，シカゴ大学出版から社会学叢書として出版され，いわゆる「シカゴ・モノグラフ」として高く評価されるようになったのである。近年では，こうした初期シカゴ学派を再検討しようとする動き（シカゴ学派ルネッサンス）が世界各国でみられるようになっている。

　以下，最近の，初期シカゴ学派の業績を整理した研究，日本語で読める代表的「シカゴ・モノグラフ」を簡単に整理しておこう。

シカゴ学派研究

- 宝月誠・吉原直樹編『初期シカゴ学派の世界——思想・モノグラフ・社会的背景』恒星社厚生閣，2004年
- 中野正大・宝月誠編『シカゴ学派の社会学』世界思想社，2003年
- 秋元律郎『現代都市とエスニシティ——シカゴ社会学をめぐって』早稲田大学出版部，2002年
- 宝月誠・中野正大編『シカゴ社会学の研究——初期モノグラフを読む』恒星社厚生閣，1997年
- R. E. L. フェアリス（奥田道大・広田康生訳）1967『シカゴ・ソシオロジー1920—1932』ハーベスト社，1990年
- 秋元律郎『都市社会学の源流——シカゴ・ソシオロジーの復権』有斐閣，1989年
- 鈴木広・倉沢進・秋元律郎編『都市化の社会学理論——シカゴ学派からの展開』ミネルヴァ書房，1987年

翻訳のある代表的「シカゴ・モノグラフ」

- N. アンダーソン（広田康生訳）1923『ホーボー（上）（下）——ホームレスの人たちの社会学』ハーベスト社，1999，2000年

- L. ワース（今野敏彦訳）1928『ゲットー——ユダヤ人と疎外社会』マルジュ社，1981年
- H. W. ゾーボー（吉原直樹・桑原司・奥田憲昭・高橋早苗訳）1929『ゴールド・コーストとスラム』ハーベスト社，1997年
- N. S. ハイナー（田嶋淳子訳）1936『ホテル・ライフ』ハーベスト社，1997年
- W. F. ホワイト（奥田道大・有里典三訳）1943『ストリート・コーナー・ソサエティ』有斐閣，2000年

2 パークの都市研究——人間生態学という考え方

> ### パーク（R. E. Park 1929）「社会的実験室としての都市」
> 都市は「人間の本性や社会を研究するのにふさわしい場所である」「都市では秘められた野心や抑圧された願望が，残らずどこかで表現されることになる。ありとあらゆる形をとって現われる人間の本性を都市は強化し伝播し宣伝する。都市がおもしろいものになったりまた時に魅惑的にさえなるのは，まさにこれらのおかげなのだ」

　シカゴの未曾有の都市化の実態，シカゴ学派の研究スタイルの特徴ともなった学際研究の推進という点は，初期シカゴ学派の都市研究に多大な影響を与えたと考えられる。パークが提唱した人間生態学（Human Ecology）は，異常ともいえる都市化の現象を，生物学の領域で展開された生態学を応用して説明しようとした試みであった。
　生物学の領域では，1859年にダーウィンによって『種の起源』が発表された。この進化論をまとめる際，「ダーウィンがまず第一に

手がかりとしたのが社会学理論（「競争的協力」の原理）を生物へと応用することであった」（パーク 1936）。パークは，こうした「生存闘争と相互依存」という生物学の基本概念を都市社会に応用しようする人間生態学を提唱したのである。パークが提起した人間生態学は，動植物コミュニティにおける競争，優占，遷移などの現象とのアナロジーで人間コミュニティの社会過程を説明するという発想であった。パークが生態学的原理をどのように都市社会に応用したのかを簡単に整理してみよう。

図4-1 木漏れ日に応じた森林の階層構造
木漏れ日の量に応じて森林の階層構造が形成される。
出典：Park, R. E.（町村敬志・好井裕明編訳）『実験室としての都市』御茶の水書房，1986年，p. 166.

（1）競争が統制力を及ぼす形式としての2つの生態学的原理
① 優占（Dominance）

　植物界ではふつう異なる種が光を求めて争った結果として優占が発生する。光は植物にとっての主要な必須物である。たとえばオークの森の場合，優占種は，最もたけの高い植物であるオークである。そして木漏れ日の量に応じて森林の階層構造が形成されるのである。よりわずかな光の中でも生存できるような順に，低い灌木，草木，コケといったような階層化が形成されるのである。

　人間コミュニティの場合にも，こうした優占の原理は働いており，大都市コミュニティの自然発生的地域（スラム・下宿屋地帯等）の存在は，直接的には優占という要因に，間接的には地価に代表され

るような競争の要因に，その原因が求められるというのである。

② 遷移（Succession）

遷移とは「初期の相対的に不安定な状態から相対的に永続的な段階または極限的な段階へと至る展開過程のなかで生物コミュニティが通過する秩序正しい変化の連続」と位置づけられている。とてもわかりにくい概念であるが，植物や動物の一つひとつが成長するだけでなく，そのコミュニティ自体もさまざまな変化と発展の過程の中にあるというのが，この概念の要点である。

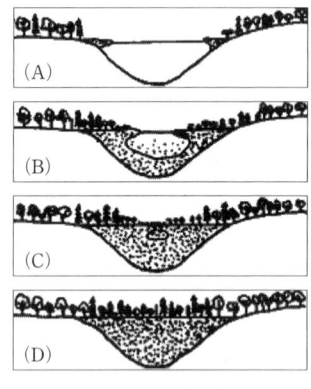

図4-2　湿原湖沼の遷移の例
出典：Park, R. E.（町村敬志・好井裕明編訳）『実験室としての都市』御茶の水書房，1986年，p. 169.

　湿原の湖沼の場合で考えてみると，水が干上がった湖沼に，やっと適応できる植物が生えてくる。その植物が枯れると，土壌は以前よりは豊かになる。するとより養分を必要とする新しい植物が繁茂してくる。また枯れるとまた新しい植物が繁茂する。最終的にはその風土の下での極限的可能性が達成されるというのが湿原湖沼の遷移現象と位置づけられる。

　社会レベルで考えると遷移の過程は，もっと複雑であるが，関係している原理は実質的には同じと考えられるというのがパークの見解である。より早い段階に達成された均衡は，結局は崩され，また競争が激しくなり急激な変動が新しい均衡の達成まで続くことになる。生物界での競争は，社会レベルでは経済的競争や紛争という形式をとる傾向が強いと考えられているのである。

（2）都市社会への応用

　パークはこうした生物界を対象とした生態学の基本原理を都市社会や人間社会に応用する人間生態学の視点を提起したのである。彼が考える人間生態学は，次の2点を解明する試みとして位置づけられている。①一度達成された生物バランスや社会的均衡が維持される過程。②生物バランスや社会的均衡がくずされた場合に相対的に安定したひとつの秩序から他の秩序へと移行する過程である。

　これらの視点は，パークが都市を人間本来の性質がむきだしで発揮される場であり，人間性と社会過程の研究が有効かつ有利に行いうる実験室ないし臨床講義室として都市を捉えていたことと深く関連している。こうした「社会的実験室としての都市（the city as a social laboratory）」という位置づけは，異常とも思える都市化や病理的な都市問題が多発していた当時のシカゴの状況を背景として誕生したといえるのである。

3　都市空間構造論──同心円地帯理論

　人間生態学の視点を最も典型的に都市研究に応用した論文としては，E. W. バージェスの『都市の発展』（1925）を挙げることが可能である。この論文は，「都市拡大化の典型的過程はおそらく一連の求心的円周によって端的に例証される」という同心円地帯理論（concentric-zone theory）を提起したものである。

　この理論は，都市の発展を，身体の新陳代謝のように，下記の5つの地帯が，外側の地帯に侵入と代置を繰り返しながら拡大していくという一般様式を設定しようとしたものである。

　1．中央ビジネス地区＝ループ

2．遷移地帯＝ビジネスや軽工業によって浸食されている頽廃的地域
3．労働者居住地帯＝2から逃避したが勤務先に便利な所を希望する労働者が住む地区
4．中流階級居住地帯＝高級アパートないし独立住宅の専用地区
5．定期券通勤者居住地帯＝30〜60分の通勤時間の通勤者地域・郊外衛星都市

　都市地域の発展を同心円的に傾斜させる社会力の存在に求めるこのバージェスの理論は，生物学で展開された生態学的視点を都市に適用した代表的理論と位置づけられるであろう。ただ同心円地帯モデルがあまりに広く都市空間構造の基本モデルとして受け入れられたことによって，逆に反論としての都市空間構造モデルが数多く提起されることになる。

　1939年にはホイト（H. Hoyt）が，同心円モデルを認めつつ，各機能地域の配置は主要交通路の存在によって扇状に歪められるとする「扇状地帯理論（sector theory）」を提起した。またハリス（C. D. Harris）とウルマン（E. L. Ullman）は中央ビジネス地区はひとつとは限らないとして「多核心地帯理論（multiple nuclei theory）」を1945年に発表した（図4-3）。

　また1947年には，ディッキンソン（R. E. Dikinson）が，ヨーロッパ諸都市の観察に基づき，その歴史的発展と地域構造を組み合わせた「三地帯構造モデル」を提唱した。それによると，都市内部では一般的に都心から外方にむかって，順に中央地帯（歴史的に古い起源をもち，小売業・卸売業・行政・オフィス地区・ホテル・鉄道ターミナル），中間地帯（19世紀から20世紀にかけて市街化したところで，住宅や工場が混在し社会的退廃と混乱の状態がみられる），

第4章
初期シカゴ学派　91

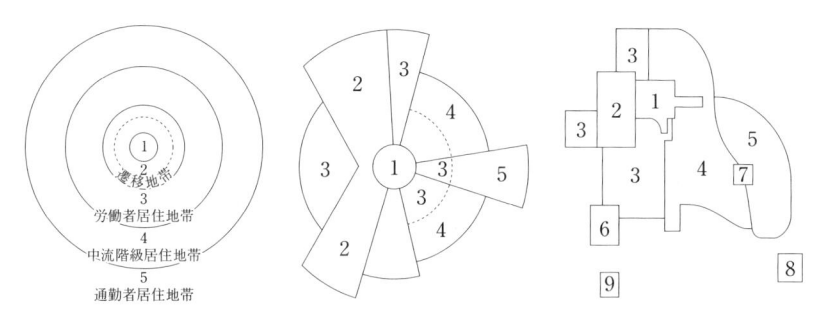

図4-3　都市空間構造論（同心円地帯・扇状地帯・多核心地帯理論）
出典：北川建次編『現代都市地理学』古今書院，2004年。

外縁地帯（19世紀以降に展開した鉄道や自動車交通の発達により都市化された地帯）が同心円状に形成されるというモデルである。

こうした一連の議論は，実際の都市実態との適合性が議論の中心となり，都市社会学的発展というよりは都市地理学的発展を遂げた議論と位置づけられる（北川　2004）。地理学領域では，都市の空間構造を記述したり解明したりする観点から数多くの研究が提起されてきている。

以下は，地理学の領域において提起されてきた〈都市の定義〉の代表的なものを整理したものである。社会学領域ではあまり着目されてこなかった，交通的位置を重視する視点，都市機能の中心性を重視する視点，景観に着目する視点等は，地理学領域の独特なものであり，とても興味深い定義といえるだろう（森川　1980）。

地理学領域における都市の定義

ラッチェル（F. Ratzel　1903）
　交通的位置の重視：「都市は人間やその居住地が永続的に密集したところで，かなりの土地空間をおおい，かつ主要交通路の中心点に位置するものである」

グラートマン（R. Gradmann 1916）
　交通と中心地的性格：「都市的集落の主要職務はその周辺農村にとっての中心点であり，外界との交通の媒介者たることであり，この職務は市場に体現され，都市は市場所在地として理解される。最も重要な経済的基礎は卸売や仲継商業ではなく小売や手工業であり，遠距離交通でもなく近距離交通との結びつきだけである」

クリスタラー（W. Christaller 1938）
　中心地論：「都市の主要職務を，〈一領域の中心点であること〉と拡大，一般化するほうが適切である」

デリエス（H. Dörries 1925, 1930）
　純景観論的立場：「顕著な核心の周囲に集団をなし，大部分は計画的で，密集した集落形態を示し，極めて多様で，種々さまざまな形態からなる集落像をなすもの」

シュヴァルツ（G. Schwarz 1961）
　機能論・中心性重視：「中心性はすべての都市が所有しなければならない一般的機能であり，多くの都市はそれに加えて，特定の経済分野であれ文化的あるいは社会的任務であれ，遠距離活動に基づく特殊機能によって特徴づけられている」

クレッパー（R. Klöpper 1961）
　都市の定義の必要十分条件：「①集落形態の密集性，②集落がある一定の規模を持つこと，③集落内部での都市生活，④最低限度の中心性」＝ヴェスターマンの地理学百科事典

第5章　アーバニズム論とその批判

1　ワースのアーバニズム論

　都市社会学の父と称されるワースは，生態学的色彩が濃かったシカゴ学派の流れを都市社会学（Urban Sociology）へと確立させた。

> **ワース（L. Wirth　1938）の都市の定義**
> 「社会学上の目的のためには，都市は社会的に異質的な諸個人の，相対的に大きい・密度のある・永続的な集落であると定義される」
> 「有効なアーバニズムの定義は，全ての都市が共通にもっている本質的な性格を意味しなければならないだけではなく，諸都市の相違の発見に役立たなくてはならない」

　ワースは，人口の三要素（規模・密度・異質性）によって定義される「都市」を独立変数とし，アーバニズム（特徴的な都市的生活様式を構成する諸特性の複合）と位置づけられる「都市社会」を従属変数とする分析モデルを提起した。すなわち，人口規模・密度・異質性が増せば，都市的特徴であるアーバニズムの度合いも増すという分析モデルである。別な言い方をすれば，東京と大阪とでは，人口規模等の大きい東京の方が，より都市的生活様式がみられるという関係性を提起する理論なのである。

　このモデルの特徴をまとめると，次の4点を指摘することができる。

①都市社会を分析するにあたって、人口量・密度・異質性といった生態学的要因が決定的に影響を与えていると位置づける点
②都市社会の諸特性として、社会関係や社会組織ばかりでなく、個人の意識や心理状態といったミクロレベルにも着目している点
③当時のシカゴの分析から理論化されたこともあり、都市化のマイナス面が強調されている点
④アーバニズムモデルが歴史的・文化的制約を超えて普遍的に妥当な理論と位置づけられている点。すなわち、江戸と東京、東京とロンドンであっても、人口要因が同じであれば、アーバニズムの度合いも同様に決定されるという、高度の抽象性をもつ理論とされる点

　ワースの「生活様式としてのアーバニズム」という論文自体は、とても雑然としていてわかりにくく、一度読んだだけではなかなか理解できない作品となっている。ワース理論を理解するためには、鈴木広がわかりやすく整理し直した芸術的ともいえるアーバニズム論の要約（表5-1）がとても参考になる。この表では、人口の規模・密度・異質性といった3要素が増大することによって、どんな都市的特徴としてのアーバニズムが出現してくるのかがわかりやすく表記されている。

　たとえば、以下の3つの関係性の記述は、アーバニズム論がめざしている理論的志向を見事に説明していると位置づけられる。

「大量人口→相互に認知しえない程度の増大→第二次的接触の優越→主体性の喪失」
「高密度→社会的コントラスト→異質な人口間の頻繁な接触→多様性・差異への寛容」

表 5-1 アーバニズム論の要約（鈴木広の再構成）

都市の生態学的定義

	1. 大量人口	2. 高密度	3. 異質性
基礎過程	a. 個人間の変異幅が大きく、かれらが互に相違していく可能性も大 b. 相互に認知しえない程度が大 c. (3.と関連して)諸個人が空間的に分離される	a. 分化と専門化 b. 物理的近接と社会的疎遠 c. 社会的コントラスト d. 職場と居住の分離，空間的分離 (1c, 3)	a. 複雑に分化した社会成層 b. 個人の高い社会的移動 c. 生産および流通体系の機械化・貨幣による一般化
社会関係と規範	d. 人間関係の環節化・合理化 e. 第二次的接触の優越化・分業 f. 競争と公的統制メカニズム g. 間接的通信・伝達，利害集団 h. アノミー	e. 社会構造の複合化，集中の利益 f. 社会統制の公式化 g. 異質な人口間の頻繁な接触 h. 生活の世俗化	d. 機能集団の多元的分化とその下への断片的所属，急速な成員の交替，不安定流動が規範となる e. 社会統合から疎外された流動的大衆の形成 f. 大衆を顧客とする文化的機関の成立
意識形態	i. 分裂病的性格，主体性の喪失，あきの態度，内面的原子化，功利性，無関心	i. 多様・差異への寛容 j. 競争心・勢力争い・相互搾取 k. 孤独感・軋轢・焦燥・神経的緊張	g. 個性・行動の多様化 h. 非個性化・範疇化・平準化 i. 政治運動・大衆運動

アーバニズムへの社会学的アプローチ

1. 人口的基礎・技術・生態秩序を含む物的構成としてのアーバニズム（生態学的アスペクト）
   a. 都市の技術的施設・組織→後背地に対する支配
   b. 大都市ほど青壮年・女性人口が多く，人種構成の異質性が大きい。都市自体の人口再生産は不能
   c. 住民・その文化の多様性・対照性が大きい
   d. 土地利用—地価・地代・所有，物理的構造—住宅・交通通信・公共施設などのあり方（研究項目）

2. 社会構造・社会制度・社会関係など，社会組織の体系としてのアーバニズム（社会組織のアスペクト）
   a. 家族機能の縮小と専門機能別機関の発達。家族人員が少ない。独身者が多い。親族からの孤立
   b. ホワイト・カラーが増大し，専門機能別機関の仕事に従事する
   c. 人間の欲求の充足が，すべて商業化され，とくに娯楽（傍観的ないし煽情的）の比重が大きい
   d. 個人の無力を共同で克服すべく任意組織が多様な目的のために繁殖する。この集団参加は一定の原則はなく経済的地位などと関連が少ない

3. 集合行動に参加し，特殊な社会統制機構にしたがうような，態度・観念・パーソナリティ構造としてのアーバニズム（都市的パーソナリティと集合行動のアスペクト）
   a. 機能分化→組織分化→パーソナリティの統合への障碍→個人解体，精神障害・自殺・非行・犯罪・背徳・無秩序
   b. フォーマルな組織集団→コミュニケーション装置→人間の遠隔操縦
   c. 伝統型連帯の崩壊→擬似親族集団化や利害集団→コミュニティの節組的社会関係への分解→コミュニケーション標準が人口に共通する最少限度レベルに低下する傾向

出典：鈴木広「比較都市類型論——発想の系譜を中心に」倉沢進編『社会学講座5　都市社会学』東京大学出版会，1973年，p. 13引用。

「異質性→複雑に分化した社会成層→機能集団の多元的分化→平準化」

しかし，わかりやすく図式化すればするほど，ワース理論のずさんさも明らかになってきてしまう。そのことは，見事にアーバニズム論の要約をした鈴木広が，ワース論文について，「論理的に首尾一貫した理念型構成にはなっていない」「推論と実証とが雑居している」「定義とアプローチとの関係・三つのアスペクトの相互関係も不明確である」と指摘しつつ，このワースの「野心的構想＝包括的なねらいとアプローチ」としてのアーバニズム論は，同時に，「荒けずりの強さを発揮して，研究をリードする意欲を感じさせるもの」として高く評価していたことに象徴的に示されている。

都市社会学は，この荒削りではあるがとても魅力的なアーバニズム論を批判する研究が蓄積されていくことによって，発展を遂げてきたといっても過言ではないだろう。

以下では，その後の都市社会学研究が「ワース理論のどのような側面を批判し，研究が展開されたのか」という観点から整理してみることにしよう。

2 アーバニズム批判——異なる都市現実の問題提起

（1）サバーバニズム論・郊外研究

1940年代後半から50年代にかけて，アメリカでは郊外に関する数多くの実証的研究が展開された。それらは，ワースのアーバニズム論で提起された諸特性とは明らかに異なる生活様式が，郊外という場で展開されていることを提起した点でワース理論の反証とも位置づけられた。ファヴァ（S. F. Fava）は，郊外の生活様式を，ワー

スのアーバニズム概念になぞらえて〈サバーバニズム（Suburbanism as a way of Life)〉と捉えた。低い人口密度・オープンスペース・若い夫婦と子供のニューファミリーといった郊外の生態学的特徴が，ワースが提起した都市的特徴とは異なる生活様式（強力な近隣関係や第一次集団的接触）としての〈サバーバニズム〉を生み出しているとしたのである。

　ホワイト（W. H. Whyte　1956）は，シカゴ郊外のパークフォレストの研究から，大多数の郊外居住者が，全人格的に組織に帰属・服従・献身する〈オーガニゼーションマン〉といわれる「中間層」の人々であり，パークフォレストは，交友関係が密で，社交性に富んだ生活が展開されている〈階級なき郊外住宅地〉であることを問題提起した。

　またグリア（S. Greer　1962）も同様に，郊外化に着目し，郊外のコミュニティの政治参加状況を〈孤立者（隣人としてもふるまわず任意的組織にもまったく参加しない人々）・近隣者（その時その時の相互行為と家族の友達づきあいによる小世界に住み，ローカル政治には参加しない人々）・コミュニティ活動家（コミュニティの公事の大半をこなす，政治的関心の高い人々)〉の3つの社会的タイプによって構成される〈有限責任のコミュニティ（community of limited liability)〉として，郊外コミュニティを描いた。当時の郊外研究は，アメリカの郊外生活を過度に神話化する側面（古原1983）を有していたという解釈もあるが，アーバニズムモデルへの批判としても位置づけられるものであった。

（2）親族関係に関する調査研究

　また1950年代には，シカゴ学派の都市化理論への挑戦的意義をも

つ親族関係に関する調査研究が欧米を中心として数多く実施された。それは,都市化によって非人格的な第二次集団が全人格的第一次集団にとってかわると考えるアーバニズム論の反証として,実施されたものであった。アメリカでは,ブラッド(R. Blood)やアクセルロッド(M. Axelrod)等のミシガン大学チームによる都市家族の研究や,サスマン(M. B. Sussman)のクリーブランド調査等がその代表であり,イギリスにおいても,ファース(R. Firth)のロンドン調査,タウンゼント(P. Townsent)・ヤング(M. Young)・ウィルモット(P. Willmott)らをリーダーとして1954年に発足した地域社会研究所(The Institute of Community Study)の一連の調査等,さまざまな親族研究が提起された。

こうした親族研究により,拡大家族が消滅しつつあるという議論に対して,〈拡散された拡大家族(decentralized extended family)〉論という視点がブラッドによって問題提起された。すなわちそれは,「現代の核家族は一つの世帯にまとまるかわりに,地域的に分散して,自動車や電話の利用によって絶えず社会的につながっているのである」といった実態を提起したものであるが,同時に画一的なアーバニズムモデルへの問題提起とも位置づけられるのである。

(3) 都市民族誌学からの批判

郊外研究や親族研究と同じように,大都市内部にさえもパーソナルな紐帯や第一次集団が豊富に存在する事実は,民族誌的コミュニティ研究者からも問題提起された。こうした民族誌学の研究者らは,ガンス(H. J. Gans 1962)の以下の指摘にも象徴されるように,ワースのアーバニズム論を強く意識していたと考えられる。

> **ガンス『都市の村人たち』日本語版への序文**
> 「『都市の村人たち』は,ワースの古典的な論文「生活様式としてのアーバニズム」によって始められた都市の性質をめぐる議論をしているわけではない。そうはいっても間接的には,私は本書のタイトルでそれを論評している。私が示唆しているのは,都市は,都市の村を含みうるということだ。それは,密度と異質性の高い地域であるかもしれないが,匿名的でも,アノミー的でもない。それでも,都市の村は,ワースが都市と農村の集落を比較したさいに記述した調和的なゲマインシャフト(としての村)ではないのである」
> 「私は今でも,本書は,基本的には階級についての研究であり,アメリカの不平等と不公平についての研究であると考えている」

　民族誌学の研究は,単に異なる都市現実の提示にとどまらず,ワース理論の基本となっている生態学的決定論を否定するパースペクティブを問題提起することになる。ガンスの「都市に生活する人々と農村に生活する人々の間の相違は,年齢や民族性,ライフサイクルや社会階級等の相違に起因するものであって,生態学的要因は自律的結果をもたらすことはない」,ルイス (O. Lewis 1965) の「人口量や密度や異質性といった変数は,社会生活やパーソナリティの重要な決定因ではない」という指摘はその代表的なものである。こうした立場を,第6章で触れるフィッシャー (C. S. Fischer) は,構成理論の立場として整理している。

3　アメリカ中心主義批判——ショウバーグの前産業都市論

　ショウバーグ (G. Sjoberg　1960) は,ワースをはじめとするこれまでの都市社会学の議論が,成熟した産業=都市社会,なかんずく

アメリカの社会に焦点を合わせて研究を進めてきたという点を批判した。ショウバーグの問題意識となったのは，「アメリカ社会のデータのみに基づいて，都市生活に関する一般化をおこなうのがいかに危険であるか」という点にあった。彼が注目したのは，いまや世界から姿を没しつつある前産業型の都市とその社会であった。

ショウバーグの前産業型都市論は，ワース理論の高度の抽象性への疑問を提示するという意味で多くの示唆を与える研究となった。彼は前産業型都市を，その類似性という観点から着目している。それは，テクノロジーという視点から類似性が説明されているが，分析自体は〈文化圏を超えた都市比較〉が実際に進められていた点で注目できる研究であった。また同様に，実際はアメリカ社会以外の都市の分析を行った研究ではあったが，〈同一都市の過去と現在を比較する視点〉を考える契機となったという点で，きわめて示唆的な研究といえる。

ショウバーグの前産業型都市論

前産業型都市
　「産業化以前の社会の過去の都市・非産業的文明社会にあってまだ産業化の洗礼をうけていない都市」
主要仮説
　「前産業型の諸都市は，いずれも〜中世ヨーロッパの都市も，中国やインドなどの伝統的社会の都市も〜みなきわめて類似しており，そして他方，近代の産業型都市とは著しく異なっている」
資料豊富な都市
　北京・京城・ラサ（チベット）・メッカ・カイロ・フェズ（モロッコ）・フローレンス（イタリア）・ボハーラ（中央アジア）
前産業型都市の普遍的構造
　地域構造——都心部は政治・宗教活動の場，またエリートの居住地。

身分・職業・人種による住み分け。下層民・賤民層は周辺部
階層——上流・下流・賤民の身分階層。社会移動の欠如。男の支配と長老制
経済——上流階層は直接関与せず。ギルド単位の，単純なテクノロジーによる経済。生産・流通も標準化されていない。信用・資本形成の欠如
政治——君主・エリート層の専制的集権的支配
宗教——身分階層に対応する宗教組織と教義。おびただしい禁止条項。呪術の大幅な採用。全集団参加の祭による統合維持
コミュニケーション——口づたえ。エリート層は文書
教育——公教育はエリートのみ。伝統の教化がテーマ

説明要因
「テクノロジー（エネルギー源，道具，そして物貨やサービスの生産における道具やエネルギー源の利用法を指す）は，われわれが前産業型都市と産業型都市の差異を説明するさいの最も基本的な要因である。しかし，前産業型都市の特定の局面を説明するにあたっては，都市，文化的価値，社会的権力などの変数を利用する」

4　生態学的決定論への批判——新都市社会学の考え方

（1）カステルのアーバニズム論批判

カステル（M. Castells 1968, 1969, 1975, 1977）は，ワースをはじめとするシカゴ学派の都市社会学に対して，「アーバニズムが生態学的変化によって生みだされるという考えは，社会学理論の洞察力を余りに無力化してしまっていて，それをまともに支持することができない」と述べ痛烈に批判した。

ワースのアーバニズム論では，都市的〈生活様式〉は，「特定の

生態学的形態すなわち都市の産物である」と考えられている。しかし，高度に都市化された社会では，都市と村落の間の空間的・文化的区別は根拠のないものであるにもかかわらず，アーバニズム論では，「都市を孤立した，自己完結的な現象として概念化」することによって理論化が進められている。カステルによれば，アーバニズムは「資本主義的工業化，市場経済の出現および現代社会の合理化過程の文化的表現」と捉えるべきものなのである。すなわち，アーバニズムは，本来であれば都市の問題としてではなく資本主義的工業化の文脈で議論されるべき問題であり，これまでの都市社会学は都市的現実的対象をもっていなかったと位置づけられるのである。

　アーバニズム論における〈自己完結的な都市領域〉という概念が，いわゆる上からの統合と響きあい，イデオロギー的性格を帯びているとされるのである。さらに「アーバニズムは人類の歴史をイデオロギー的に物語るゆえにもっとも厳密な意味で神話である」とカステルは痛烈に批判するのである。

（2）新都市社会学の考え方

　新都市社会学は，1960年代後半から起こってきた都市社会学へマルクス主義的立場を応用しようとする理論的潮流である。その理論的旗手となったカステルは「史的唯物論の基本的概念を基礎にして，いかにして社会空間の形態の特性を把握できるのか」という観点から，都市に生起する諸々の現象を全体的構造との関連で明らかにしようとした。

　こうした理論的潮流は，アメリカではなくマルクス主義の政治的，知的伝統の強いヨーロッパで，フランス語論文（スペイン人＝カステル・オリーブ，フランス人＝ロジュキン，フランス系カナダ人＝

ラマルシュ）として問題提起されてきた。それらを英語圏に紹介したピックバンス（C. G. Pickvance　1977）は，彼らが依拠したマルクスの基本的命題に基づく理論的集成を次の2点に整理している。
　①社会の物質的な経済的基礎が上部構造，つまり社会的，法律的，政治的諸制度を規定し，その逆ではないということ。
　②歴史上の各社会はその内部の特定の生産過程に基づく相対立する社会階級の間の闘争によって特徴づけられるということ。
　こうした史的唯物論を都市社会学の領域へ応用しようとしたのが，新都市社会学の理論的潮流なのである。

(3) カステルの都市の位置づけ——消費空間としての都市

　都市を社会の空間への投影として，都市化を空間形態の社会的生産として把握するカステルにとって，空間に投影されていると考えられているものは，端的にいって，社会構造＝社会構成体である。すなわち，マルクス主義の立場での社会・歴史把握の鍵となる社会構成体の概念から都市空間の秩序が考察されるのである。そこでは，アルチュセール（L. Arthusser）のマルクス理解に依拠しつつ，「すべての社会形態（たとえば空間）を複数の生産様式の歴史的接合」として理解し，生産様式を「社会構造の基本的な〈諸次元〉つまり経済的，政治—制度的，イデオロギー的次元のあいだの特殊な組合せの母体」として理解することによって都市空間との連関が述べられる。すなわち，都市空間は，都市システム＝「経済システム，政治システム，イデオロギーシステムの諸要素によって，またその組合せ，そこから生まれる社会的実践によっても形成される」という視点が提起されるわけである。そして，資本主義生産様式が支配的な社会では，経済システムは社会構造の支配的なシステムであり，

空間組織の基礎をなしているとする。経済システムは，生産，消費，交換の諸要素によって構成されるが，生産的要素は都市地域の単位を超えて切れ目のないネットワークを作るため都市空間を限定づける要素とはなり得ないとして，「都市空間を構成する過程は労働力の単純，拡大再生産に関する過程である」という〈消費空間としての都市〉という位置づけを提起している。

（4） 経済法則と都市空間——資本蓄積の地域的結果

ロジュキン（J. Lojkin）は，「都市は資本主義的蓄積の法則とは全く別の発展法則に支配される自律的現象ではなく，生産の一般的諸条件の社会化によって労働の生産性を高める資本の傾向から切り離されることができない」という観点から都市を把握しようとする。資本主義的都市を特徴づける「生産の一般的諸条件の社会化」の内容としては，〈集団的消費手段〉の集積と，資本主義的社会構成体の生産・再生産手段の空間的集積＝〈都市的凝集体〉の2つが取り上げられる。集団的消費手段（たとえば，医療，スポーツ，教育，公共輸送等の諸施設）の問題は，個人的消費手段（たとえば，食料や衣料等）の問題とは区別され，単に消費の問題としてではなく，生産に深く関わるものとして位置づけられている。また，都市的凝集体の文脈では，「都市現象が，生産単位での分業の一部でなく，社会内分業の一部であるという事実」が強調される。すなわち，ロジュキンにおいて都市空間の秩序は，社会内分業のあり方の問題として捉えられ，実体的には流通諸手段，集団的消費手段，生産・再生産手段の無政府的な空間的集積として捉えられているのである。

ラマルシュ（F. Lamarche）は，「都市をまず第一に，労働力，資本そして生産物を交換する市場として考えるとすれば，こうした市

場の地理的配置は偶然の結果ではなく、資本の流通の法則に支配されるものである」と述べ、交換過程＝流通の法則に規定される都市空間という視点を提起する。すなわち、生産領域に投下される資本（原料・生産手段・労働力）は増殖可能であるが、流通領域に投下される資本は蓄積過程に属さないものである。そのため、流通費用と流通機関を縮減しようとして、商業・金融・行政の能率を高めるよう空間を計画整備しようとする力が働くとされるのである。その意味から都市を考える場合には、〈不動産資本〉という典型的な都市資本に焦点をあてる必要があるとラマルシュは指摘する。

また、ハーヴェイ（D. Harvey）も、生産と消費の双方を包みこむ論理から都市を考察している。その論理の中心的概念となるのは、資本蓄積の過程と都市の問題性とを関連づける〈つくられた環境（built environment）〉概念である。彼は、産業部門で生み出された〈過剰資本（over accumulation）〉の投資対象として〈つくられた環境〉を位置づけることによって、都市の問題性を〈つくられた環境〉＝「住宅、道路、工場、事務所、下水道、公園、文化施設、教育諸機関等のフィジカルな構造の総体」の創出や使用をめぐる問題だとする。すなわち、競争を媒介にした個別資本の蓄積活動は第一次循環部門での過剰蓄積を生み出すが、それは同時に市場の飽和、価格の低落、過剰な生産能力と失業の増大等を発生させ、その解決策として過剰に蓄積された第一次部門の資本を第二次・第三次循環部門への投資にきりかえるということに着目し、第二次部門に関わる〈つくられた環境〉を都市分析の柱として据えたのである。

以上、典型的なマルクス主義的都市理論を展開する研究者たちの都市の捉え方を整理してきた。それらは、経済の諸要素（すなわち生産、消費、交換）のどこに焦点をあてるかによって違いはあるも

のの，都市空間の秩序が資本蓄積の諸法則によって規定されていると位置づけていることにおいては共通していたといえるのだろう。

　新都市社会学は，アメリカにシカゴ学派都市社会学が存在しないように，学問上の流派が自覚的に存在するわけではない。またカステル自体もその後の社会情勢の変化に伴って論調を大きく変えてきた（吉原　2002，大澤　1999）。ただ，シカゴ社会学とは異なる視点から都市理論を展開し，本質的な都市の捉え方を問題提起した点は注目すべきであろう。

『都市の理論のために』：シンポジウム「マルクスと都市」(1978)

〈共通テキスト〉
　「都市社会学と都市政治」(M. カステル)
　「都市型社会における都市社会学」(R. メラー)
　「アーバニズムの下位文化理論に向けて」(C. S. フィッシャー)

〈誌上シンポジウム〉
　「シンポジウム「マルクスと都市」に向けて（序）」(J. M. ゲェーリング)
　「都市の一般理論は存在するか」(T. N. クラーク)
　「都市社会学へのマルクス主義的挑戦について」(C. S. フィッシャー)
　「都市社会学における競合的パラダイム」(C. G. ピックバンス)
　「マルクス主義者の神話に抗して：シカゴスタイル」(D. ハーヴェイ)
　「企業体制と都市：寡占都市化」(H. エッコウイッツ・R. マック)
　「民族誌学とイデオロギー：新都市と第一次性の神話」(M. ブラウン)
　「都市社会学の一基礎としてのマルクス主義」(J. ベンスマン)
　「マルクスと都市：都市理論の方向性を求めて」(J. M. ゲェーリング)
　「階級分析とそれを超えるもの：新都市社会学の更なるジレンマ」
　　(I. セレニイ)

前頁の『都市の理論のために』は，1975年に発表された都市理論の基本的枠組みを問う3本の共通テキストをもとに *Comparative Urban Research* 誌上でたたかわされた，新都市社会学者とシカゴ都市社会学者との論争の全記録である。この本は，都市理論を考えていくうえで必要不可欠な問題提起が示されているだけでなく，学的論争の迫力を感じさせてくれる本でもある。まさに，都市社会学の必読書と位置づけられるであろう。

第6章　アーバニズムの下位文化理論
　　　――都市の文化創造性

　新都市社会学からの理論的挑戦に対して，シカゴ学派の理論的主張を擁護する立場の代表は，「下位文化理論 (subcultural theory)」を提起したフィッシャーであった。下位文化理論は，ワースのアーバニズム論の理論的修正というアーバニズム論としての側面と，パーソナルネットワークに関する調査研究に基づくネットワーク論としての2つの側面をもっている。前者を代表するのが「アーバニズムの下位文化理論に向けて」という論文であり，後者を代表するのが『友人のあいだで暮らす』という著作である。下位文化理論は，こうしたアーバニズム論とネットワーク論とが接合する形で理論が展開されているのである。こうした「下位文化理論」は，実証的に〈都市的なるもの〉を解明していく最も有力で新しい研究成果と位置づけることが可能である。

1　アーバニズム論としての下位文化理論

(1) 生態学的アプローチの継承
　フィッシャーは，ワースのアーバニズム論を詳細に再検討することから彼の研究生活をスタートした。都市社会学の研究主題を「定住地の様式と社会生活との相互関係を明らかにすることである」と位置づける彼は，ワースのアーバニズム論を「定住地の都－鄙性に対応して，生活様式がいかに変化するかという疑問への理論的解答

として画期的なものであり、都市社会学にきわめて重要な意味をもつもの」として高く評価するとともに、ワースがアーバニズム論で提起した予言を、これまでの関連研究の理論や実証的研究の事実と照合させ、その予言が支持できるものかどうかを詳細に検討した。

フィッシャーは、下位文化理論が、生態学的決定論（determinist theory）と構成理論（compositional theory）のジンテーゼとして提起されたものであることを強調している。

> **生態学決定論（ワース理論・都市アノミー論）**
> アーバニズムが人々の社会生活やパーソナリティに直接に影響を与えているとする立場であり、しかもその影響が悪影響であると捉える議論
>
> **構成理論（非生態学的理論）**
> アーバニズムは社会生活やパーソナリティの重要な決定因ではないとする立場。都市と村落との差異は、そこに住む人の社会的属性や経済的境遇の違いによるものと考える

すなわち下位文化理論は、生態学的要因が一定の効果をもつという立場を決定論から継承しながら、ワース理論には修正が必要であるという立場を強調した理論なのである。フィッシャーが、構成理論に対して、なお生態学的アプローチが有効であるとするのは以下の理由からである。

> **フィッシャーが生態学的アプローチを支持する理由**
> 「信念や行動のどれをとってみても都市居住者と非都市居住者にはやはり大きな違いが認められるという事実は経験的にも確かなことであり、そうした都市と農村の相違が、歴史や文化の違いを越えて広範にしかも厳然として存在することじたい、個々人の諸特性（年齢・教育

> 水準・その他の違い）だけをより所とする説明以外の何かが必要であり，生態学的要因（特に人口規模の要因）はなお有効である」

（2）ワース理論の修正

フィッシャーは，既存研究との照合検討作業の結果として，ワースのアーバニズム論を以下の2点について修正すべきであることを問題提起した。

① アーバニズムの社会的結果に関する修正

> **アーバニズムの社会的結果**
>
> ワース＝〈個人の疎外（individual alienation）〉
> 　　　　〈社会解体（social disorganization）〉
> フィッシャー＝〈非通念性（unconventionality）〉
> 　非通念性＝「通念的なこと（conventional）」に対置される「通念にとらわれないこと」と定義され，社会に支配的で伝統的な規範からはずれた行動様式・創造的行為（革新的な芸術活動）・犯罪・離婚・非合法活動・社会変革をめざす暴動などを含む概念とされる」

ワースは，「アーバニズムの進展は，個人の疎外と社会解体をもたらす」として，都市のマイナス面を強調していた。それに対してフィッシャーは，都市はマイナス面ばかりでなくプラス面ももっているということを，「通念にとらわれないこと」を意味する「非通念性」という概念を創作することによって問題提起した。この点は，都市が常に新しいものを生みだす文化創造の器としての役割をもっているというポジティブな側面を強調した点で注目される。

② 独立変数となる都市の定義をめぐる修正

都市の定義
ワース＝〈人口規模〉〈人口密度〉〈異質性〉／フィッシャー＝〈人口規模〉

　ワースは「規模だけを基礎にしてコミュニティを都市的であると特徴づけるのは明らかに恣意的である」と述べ，人口規模・人口密度・人口の異質性という人口の3要素を重視しなければならないことを強調した。それに対してフィッシャーは，「都市的なもの（urban）は，人口の集中という観点からのみ定義される」と述べ，人口規模を重視したのである。特に人口の異質性については，以下の3つの理由から，都市の定義から排除することを問題提起した。

都市の定義から異質性を排除した理由
(1)異質性は定義上きわめて曖昧であり，民族・階級・文化・職業等どんな型の異質性が重要なのか明確でない。 (2)異質性の要素自体が，規模や密度に比べ説明力が低い。 (3)一般に都市と呼ばれる多くのコミュニティに異質性という要素が明らかに欠けているという経験的事実。

　すなわち，フィッシャーはワースのあいまいだった独立変数部分を，〈人口規模〉という点ですっきりさせ，従属変数としてのアーバニズムの社会的結果を，プラス面も包含した〈非通念性〉という概念によって広く捉えようとしたのであった。

（3）下位文化理論の論理構成
　① 下位文化理論を構成する命題群
　下位文化理論の論理構成を整理してみよう。まずフィッシャーは，

下位文化を次のように定義し，概念規定している。

下位文化とは

「様式的な信念や価値や規範のセットであり，それは，より大きな社会システムや文化のなかにあって，相対的に区別されうる（人と人のネットワークや諸制度のセットとしての）社会的下位体系と結びついているもの」と定義され，具体的には次の5つの人々の集合体であるとされている。

(1) 共通する明確な特徴（国籍・宗教・職業・ライフステージ・趣味・障害・性的好み・イデオロギー・その他の特徴等）を共有している人々
(2) そうした特徴を共有している他者と仲間になる傾向のある人々
(3) 社会の一般価値や規範とは異なる考えを信奉する人々
(4) ある特徴に関連する諸制度（クラブ・機関誌・専門店等）をヒイキにする人々
(5) 共通する生活様式を持っている人々

命題群

(1) 地域が都市的になればなるほど下位文化の多様性が増大する
(2) 地域が都市的になればなるほど下位文化の強度が増大する
(3) 地域が都市的になればなるほど普及の源泉が増大し，下位文化への普及が増大する
(4) 地域が都市的になればなるほど非通念性の程度が増大する

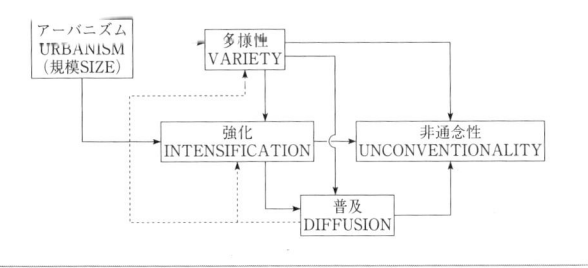

```
アーバニズム        多様性
URBANISM  ────→  VARIETY
（規模SIZE）         │
    │               ↓
    │            強化              非通念性
    └─────→  INTENSIFICATION  ─→  UNCONVENTIONALITY
                    │
                    ↓
                  普及
                DIFFUSION
```

ここで特徴的なのは，下位文化を人と人のネットワークや諸制度のセットとして広く位置づけている点であろう。

　そして，地域の人口規模が増大すればするほど，下位文化がどのように変化し，アーバニズムの社会的結果としての〈非通念性〉を生み出していくのかが，命題群や図式を用いて理論化されるのである。

② 命題群を説明する主要な論点

　人口量が増大することによって引き出される下位文化の変化に関するそれぞれの命題については，以下のような論理や概念が駆使されて理論化がはかられている。ここでは，特に下位文化理論の全体像を理解するために重要と思われる論点を整理し，説明してみよう。

(1)命題：人口規模が増大することによって多様な下位文化が発生してくるとされているが，多様な下位文化の中身は同質的ネットワークによって形成されている点（ホモフィリー・選択―制約アプローチ〔後述〕）は，下位文化理論を理解するうえで確認しておかなければならない点である。

(2)命題：下位文化が発生し強化される過程を説明する論理として〈臨界量〉と〈選択的移住〉という概念が使われている。これらの概念についてフィッシャーは，以下のモダンダンスの事例を用いてわかりやすく説明している。さらに，下位文化が強化される過程の説明では，〈臨界量にもとづく諸制度の完備〉と〈内集団〉議論も援用されている。

臨界量（critical mass）

「モダンダンスに強く興味を持っている人が1000人に1人の割合でいると想定した場合，人口5000の小さな町にはそのような人は5

人いることになる。5人ではダンスについての会話をする以外になにもできない。それに対して人口100万の大都市には1000人のダンス好きの人がいることになる。この数字は、彼らがダンス・スタジオを維持したり、ダンス公演を企画したり、ダンス好きの会合場所を作ったりするのに十分な数字となる。そして彼らのそうした活動は、さらに小さな町のダンス好きの人を引きつけ、移住させること〈選択的移住〉によってその数を増し下位文化を形成するようになる」

臨界量にもとづく諸制度の完備（institutional completeness）
「大都市では、犯罪者集団は量的に多いだけでなく、犯罪者たちは、通例、組織化されており、盗品の分配や身の安全や技術的訓練および娯楽の為の一定の手段を備えている」

内集団（in—group）
「大都市では下位文化相互の違いや紛争も増加し文化衝突が数多く起ってくる。そうした競争と紛争の同時発生が内集団の凝集性を高めることによって下位文化はまた強化されるのである」

(3)命題：下位文化への普及が増大するという命題が説明される過程では、次のような事例をもとに説明が展開される。

「米国の大都市では、労働者階級の青年集団（保守主義者）と学生集団（対抗文化）とが対立的関係にあることはよく観察される。前者は政治的問題では後者と反発しあうが、しかしヘアスタイルや服装に関しては後者の生活様式を取入れている。こうした普及のもたらす社会的結果として、文化諸要素を融合、組替えするとともに社会的革新を促すのである」

以上、多様な下位文化の強化・普及の過程をへて、人口規模の増大は、都市的特徴としての非通念性をもたらすとされるのである。

2 ネットワーク論としての下位文化理論

　フィッシャーの下位文化理論は，彼のパーソナルネットワークの実証研究に基づいて理論化されたものであり，ネットワーク論としての側面ももっている。フィッシャーは，ネットワーク分析を「人々の行動を理解するための手段として人々の社会的ネットワークに焦点をあてる社会科学的調査の一つのスタイルである」と述べ，これまで個人の性格や制度の特徴に焦点を集中してきた伝統的社会科学的アプローチに新しい視点を提起するものとしてその重要性を位置づけた。彼は，都市度とパーソナルネットワークの関連を分析するために以下の調査研究を実施した。

北カリフォルニア・コミュニティスタディ

調査対象：
　サンフランシスコやオークランドの大都市中心部から人口1万以下の町までの都市化度の異なる50のコミュニティ（人口2500以下の町・居住者の40％以上が黒人であるところは含まれていない）の住民（英語を話す18歳以上の常住者）1050名

調査方法：1977～78年質問紙による面接調査

調査内容：都市度とパーソナルネットワークの関連性を調査

ネットワーク測定方法：
　いくつかの質問に該当する人物の名前を何人でも挙げてもらい，指名された人についてさらに質問するという方法

　この調査研究から導き出された下位文化理論の骨子が，「都市化はネットワークの同質性を高める」という論点であった。この論点によってアーバニズム論とネットワーク論が接合されることになり，

下位文化理論へと結実していった。その点を簡単に説明していく。

フィッシャーのネットワーク論の骨格をなしているのは，〈選択―制約アプローチ〉と呼ばれる視点である。

> **選択―制約（choice-constraint）アプローチ**
> 「ネットワークが社会的制約の中でなされる個人的選択の結果であることを強調する視点である。すなわち，人々は，関係を選択したり維持したりするにあたって，コストよりも報酬を最大化しようと活発に選択をおこなっており，その選択に際しての相対的な価値やコストは社会構造や社会的環境によって制約されているという視点である」

都市化との関連でこの選択―制約モデルが述べられるとき，〈臨界量〉という概念が重要な意味をもって登場してくる。すなわち，この〈臨界量〉という概念を援用することによって，人口規模の増大が個人の選択の余地を広げ制約を減少させる点に着目したのである。

さらに個人の選択の過程では，〈ホモフィリー〉という考え方が重視されている。

> **ホモフィリー**
> 「社会過程の一側面として友情関係を分析したラザースフェルドとマートンによって開発された概念。英語で"a tendency for friendships to form between those who are alike (differ) in some designated respect"という15文字であらわされる文章を要約する言葉として〈homophily (heterophily)〉という概念を開発した」

すなわち，ホモフィリーとは，友情が同質的な人々の間で形成されやすいという傾向を表わす概念として開発されたものなのである。

こうしたネットワーク研究の同質結合傾向の議論とアーバニズム論が結合しているのがフィッシャーの下位文化理論であり，そこでは「都市化はネットワークの同質性を高める」とする議論が理論的に前提とされているのである。その論理展開を簡単に整理してみよう。

> 「人間は同質結合するのが快適であり，お互いにとって価値がある」
> 「制約が無ければ選択の結果人間は同質結合するものである」
> 「人口規模が高まれば（臨界量），選択の余地・範囲が広がり制約は減少する」
> 「都市化はネットワークの同質性を高める」

この論理展開で注目される点は，暗黙のうちに，同質結合傾向を正当化してしまっている点である。ともあれ，フィッシャーの下位文化理論が，同質結合傾向を暗黙のうちに正当化し，「都市化がネットワークの同質性を高める」と基本的に位置づける点は，ワースのアーバニズム論と理論的に決定的に異なる点であることはおさえておく必要がある。

3 下位文化理論の問題点

（1）「都市化はネットワークの同質性を高める」という命題の妥当性

この命題に関しては，理論的にも実証的にも反対の視点が提起されている。これまでの社会学理論の中では，ワースに代表されるように「都市は伝統的農村に比べ，より多様なタイプの人との接触を可能にし，ネットワークの異質性を高める」という見解が根強く存在する。ブラウ（P. Blau 1977）の「相互集団関係（intergroup relations）は，より大きなそしてより都市的なコミュニティのなかでの

方が頻繁に行なわれている。それはより都市的なコミュニティの方がより大きな異質性を有している結果である」という指摘もその代表的なものである。これらについてフィッシャーは，ワース主義者（Wirthian）の議論として下位文化理論と対比させている。

　この命題の実証的な検証としては，アメリカ GSS 調査のパーソナルネットワーク項目の解析結果がある（大谷　1995）。GSS 調査の結果では，学歴，年齢，政党支持の属性項目では，大都市ほど同質的な者同士のネットワーク形成の比率が高いのに対して，人種，宗教の属性項目では，異質的な者同士のネットワーク形成比率が高くなっていたのである。このことは，都市化がすべての要素にわたってネットワークの同質性を高めているわけではないことを示していたと考えられる。

　また日本の横浜市のボランタリー・アソシエーションの会員構成を調査した結果でも，都市化が一律的にネットワークの同質性を高めているわけではないことが示されている（大谷　1995）。すなわち，スポーツサークルは年齢の同質性をベースに会員構成される傾向が多く，階層的には多様なメンバー構成をしていたのに対して，趣味の会は，階層の同質性をベースに形成される傾向が多く年齢的には多様な構成をしていたという結果が示されたのである。この結果は，ネットワークの同質性といっても単純ではなく，ある面では同質だがある面では異質という複雑性をもつ問題であることを示していた。

　以上，これらの調査結果に表われた実態は，この命題を都市化の一貫した特徴と考えるためには，もう少し理論的・実証的な検討が必要であるということを示唆していたと位置づけられよう。

（2）下位文化理論の立論構造の矛盾──前段─後段の論理のズレ

　下位文化理論は，個人のネットワークや同質結合傾向を前提として，多様な下位文化が生まれてくる過程を説明する前段部分と，集団間の異質結合（集団間文化摩擦・文化衝突・普及等）の重要性を強調して，非通念性の増大する過程を集団レベルで議論する後段部分で，微妙な立論の差が存在している。このことは逆にいうと，非通念性が増大する過程を説明した後段の議論の中に，個人レベルでの議論や前段部分で展開してきた個人を主体としたネットワーク概念を使った分析がまったく捨象されてしまっているということである。すなわち，アーバニズムの社会的結果としての「非通念性の増大」の説明過程では，集団間摩擦の説明は登場しているが，個人のネットワークの状況と非通念性とがどのように関連しているかといった説明や，個人間摩擦（Interpersonal friction）の説明は，まったくなされていないということである。この〈非通念性が増大する過程についてのネットワークレベルからの分析の欠如〉という点は，フィッシャーの下位文化理論の最大の弱点であり問題点であると位置づけられる。

　中四国調査（大谷　1995）では，非通念的意識は，個人間の異質結合（個人間文化摩擦）によってもたらされるというファインディングスが示されていた。〈都市的なるもの〉としての非通念性については，〈都市化〉〈ネットワークの異質性〉〈まざりあった紐帯（mixed tie）＝個人間文化摩擦〉の相互関係を理論的・実証的に解明していくことが必要といえるだろう。

（3）アメリカ的文脈を反映した理論──日本的文脈からの再検討

　下位文化理論は，アメリカの「都市現実」を基盤として形成され

たものであり，アメリカの独特な社会状況を過度に反映した側面も存在している。この理論が都市理論として普遍性をもつためには，社会状況の極端に異なる日本的文脈から再検討することはとても重要である。ここでは，日本との対比から下位文化理論のアメリカ的文脈を整理してみよう。

① 異質性の意味内容の違い

多民族社会アメリカでは，人種・民族のモザイクだけではなく階層によるセグリゲーション（segregation）も顕著である。比較的単一民族に近い日本とは，異質性という概念自体，意味する内容が異なっている。同質結合への思い入れもそうしたアメリカ的文脈から派生している発想といえる。都市理論として普遍性をもたすためには，異質性という概念自体を再検討していく必要があるだろう。

② 土地に対する執着の違い

選択的移住（selective migration）という概念は，自己選択によって転居が行われるということであり，アメリカ人のあいだでは，成功のための移住（successful migration）等，転居が頻繁に行われている。そのことは，表6-1の平均居住年数の日米比較にも象徴的に示されている。出身地や土地への執着の強い日本人にとって，転居は，就職・転勤・結婚等，やむをえない理由に基づくものが多く，こうした違いについても，理論化にあたっては考慮する必要があるだろう。

③ アメリカ個人主義の再検討

下位文化理論は，1970年代に隆盛を極めた，個人の選択を最大限に重視する個人主義の風潮を反映していたと考えられる。1980年代になると，そうした風潮は，アメリカ社会においても「ゆきすぎた個人主義」として再検討されるようになる。フィッシャーの個人的

表6-1 平均居住年数の日米比較

	中四国調査 (1989)	GSS調査 (1985-87)
〈平均居住年数〉		
現住市居住年数	31.8年	20.4年
現住居居住年数	20.0年	10.5年
〈住民の出身地構成〉		
現在と同じ県(州)の同じ市	51.3%	42.8%
現在と同じ県(州)だが違う市	32.1%	24.0%
現在と異なる県(州)	16.6%	33.2%

注:ワーディング;GSS調査=あなたが16歳のとき,どこに住んでいましたか
　　　　　　　　中四国調査=あなたの出身地(15歳ごろまでに主に過ごしたところ)はどこですか

に親しい社会学者であるベラー(R. N. Bellah)たちによって1985年に出版された『心の習慣』では,「大半の問題を個人の好みと選択の問題に還元し,人々を孤立化させ,不安や孤独からセラピーに助けを求める」といったアメリカ個人主義の問題状況が痛烈に批判されている。そのことは,集団主義の伝統が強く,何かと〈制約〉が多い日本の現実を考えてみても,日本的文脈から再検討してみる必要があるといえるだろう。

④ 積極的選択と消極的選択

下位文化理論が想定している個人は,「やりたいことは転居してでも実行する」という積極的選択をする個人である。フィッシャーの説明に登場してくるモダンダンスを例にとると,大都市ではモダンダンスをするために積極的に仲間と接触し,転居してでも実行することによって下位文化が形成・強化されるのである。この点を日本的文脈になぞらえてみると,「本当はモダンダンスをやりたかったけれど,友人から社交ダンスをやろうと言われ,社交ダンスを始めた」といった消極的選択をする個人も結構存在していると考えら

れるのである。それは，京都の会席料理のように選択をまったくしない日本料理のオーダー方法と，ステーキの焼き方，ドレッシングの種類，ポテトの料理の仕方等，すべてにわたって選択が求められるアメリカのオーダー方法と対比すると理解しやすいだろう。すなわち，アメリカの〈積極的選択〉や〈目的ベースの選択〉に対して，日本の〈消極的選択〉や〈対人ベースの選択〉といったように，選択にも種類があると考えられるのである。下位文化理論は選択をベースに理論化がなされているが，こうした選択の種類についても考慮する必要があると考えられる。

4 フィッシャー都市理論の評価

　フィッシャーの下位文化理論は，〈都市的なるもの〉の解明という意味で，都市社会学研究に多大な貢献を果たしてきたといえる。ここでは，フィッシャー都市理論が高く評価できる点を整理してみよう。

　① 分析対象としてのパーソナルネットワーク

　フィッシャーは，ワースが漠然と定義したアーバニズムの諸特性（人間関係の態様や都市人の社会的性格・態度までを含むあいまいなもの）の中で，個人がとり結ぶ人間関係（パーソナルネットワーク）の実態がきわめて重要な意味をもっていることに着目した。これまでの社会学研究では，友人関係といったパーソナルな生活が繰り広げられる小さな社会的世界は，本質的に個人的問題として受けとめられ，あまり重要でないものとして社会学の研究対象から除外される傾向が強かった。その意味からも，〈都市的なるもの〉を実証的に解明しようとする研究において，パーソナルネットワークを

具体的分析対象として設定しその重要性を提起した点は高く評価される点である。

② 都市のプラス面への着目

都市のマイナス面のみに着目していたワースの議論では，何故多くの人が都市に集まってくるのかということを説明することができなかった。フィッシャーは，非通念性という概念を使って，都市がマイナス面ばかりでなくプラス面をもつことを提起した。都市が常に新しいものを生みだす文化創造の器であるという都市のポジィティブな側面を強調する都市認識は，都市社会学においては希薄な視点であった。今後は，そうした都市の積極的な側面に着目した，〈都市的なるもの〉の実態解明が重要な研究課題といえるだろう。

③ 実証研究による理論構築の方法

フィッシャーは，下位文化理論を構築するにあたり，既存研究の詳細な整理と北カリフォルニアのネットワーク調査の分析によってワース理論の修正を行ってきた。また，「都市に住むことがどのような結果をもたらすのか」という疑問を解明した『都市的体験』という著作でも，これまでに蓄積されてきた都市生活の心理的及び社会帰結に関する既存研究が丹念に整理・要約されているのである。このようなフィッシャーが採用した〈既存調査データの整理と新規調査研究による検証〉という実証的手続きは，今後，〈都市的なるもの〉の社会学を構築していくうえで，模範となる方法論を提示していたと位置づけられるだろう。

第 III 部
〈都市的なるもの〉を解明する実証社会学

　フィッシャーの下位文化理論の提唱以降，わが国でも，都市度とパーソナルネットワークに関する調査研究が数多く展開されてきた（大谷　1990,松本　1992,森岡　1999）。当初はフィッシャー理論の日本的文脈からの再検証というスタンスではじまったパーソナルネットワーク調査研究は，その後，都市度の効果論という方向に議論が展開されてきている（森岡　1999,松本　2002）。

　その方向性については，以下の松本康「都市度と友人関係」という論文に典型的に示されている。

> **松本康（「都市度と友人関係」2005）**
> 「居住地の都市度は，友人関係を増やしていたわけではなかった。むしろ，地元仲間集団を衰退させることによって，友人数を減少させていた。それにもかかわらず，都市度は中距離友人を増加させていた。ただし，これらの効果は，地元都市圏出身者においてのみいえることであった。また，遠距離友人関係には，都市度の効果は認められず，移動履歴と学歴による効果が大きかった。総じて都市度が友人関係の空間的布置におよぼす効果は，移動履歴によって条件づけられていた」

　こうした都市度の効果を明らかにしようとする研究方向については，① 都市度をどのように位置づけるか明確でない点，② 従属変数となるネットワークの特徴としての概念（中距離・遠距離友人）が妥当でない点，の2点で問題を抱えていることを指摘してきた（大谷　2001, 2005）。

　私が今後の都市社会学の研究の方向性として重要と思っているのは，〈都市的なるもの〉とは何なのかを解明していく実証研究を蓄積していく方向

性である。それは，都市度の効果論のように，必ずしも〈都市度〉という独立変数を明確に決定しなくても，〈都市的なるもの〉を解明することが可能な調査研究を模索していく方向性とも位置づけられる。

　第7章では，自治体の人口規模の違いに着目するという〈都市度〉ではなく，大都市に立地しているということによって規定されている〈都市的状況〉という概念に着目し，〈都市的ネットワーク〉との関連を考察するという実証研究例を提示する。

　第8章では，「都市ほど，近隣関係は希薄なのか？」というテーマを，松山市・西宮市・八王子市・武蔵野市という4都市の比較と〈中心部一戸建て〉〈ニュータウン一戸建て〉〈分譲マンション〉〈公営住宅〉という居住類型別の比較を総合的に分析することによって，〈都市的なるもの〉を規定している要因について考えていく。

　第9章では，学生が創った「都市の定義」傑作撰の背後に隠されている〈都市的なるもの〉の構造を考えていくことによって，人々が考えている都市イメージの中に，都市社会学の研究課題が含まれているということを問題提起していきたいと思う。

第7章 〈都市的状況〉と都市的人間関係
―― 大都市大学生と地方都市大学生の友人ネットワークの比較

> 大都市大学生(大阪府和泉市の桃山学院大学)と地方都市大学生(愛媛県松山市の松山大学)とでは,学生が取り結ぶ友人ネットワークに違いはあるのだろうか? (大谷 1995)

　この問題を,前章までの都市理論をベースに考察してみようとすると,アーバニズム論や下位文化理論の限界が明確化してくる。

　まず問題となるのが,都市度をどう定義するかという問題である。大学が立地している都市の人口規模を規準に考えると,人口51万の松山市のほうが,17万の和泉市よりも都市度が高いことになる。別な観点から考えていくと,両大学には地方出身者もいれば,大都市出身者もいる。すなわち,大学生の出身地構成をベースに都市度を定義することも可能となるであろう。このように,両大学の都市度を厳密に定義することは,大変難しい問題であり,そのことを真剣に考えること自体あまり生産的ではないといえる。

　ただ,両大学生の友人ネットワークの実態には何らかの差異があるという実感があったため,以下の比較調査を両大学で実施した。

友人ネットワーク調査概要

【松山大学調査】1993年10月9日〜11月20日
　調査対象:松山大学学生　5061名(人文学部社会学科2年生　157名)
　調査方法:自記式質問紙法及び集合調査
　回収率:2690票(52.8%・松山大全体):117票(74.5%・人文学部社会

学科2年)
【桃山学院大学調査】1994年10月18・19日
　　調査対象：桃山学院大学2年生「社会調査」受講生　188名
　　調査方法：集合調査
　　回収率：125票（66.5%）
【両大学事例調査】1994年
　　松山大学生106名，桃山学院大学生117名の事例・聞き取り調査

友人ネットワークを測定する質問文
　1）主観的友人（学内・学外）〈数量〉：
　　　「あなたが面識を持っている松山（桃山学院）大生を，〈知合い〉〈友人〉〈親友〉の三つに分類するとすれば，あなたが考える〈友人〉および〈親友〉はそれぞれ何人になりますか」
　2）客観的友人（学内・学外）〈数量〉：
　　　「前期期間中（4月1日～7月31日の間）に，2回以上電話をしたことがあり，かつ，1回以上一緒にでかけたことがある学内（学外）の人は何人いましたか（でかけたとは個人的に誘い合って，食事・飲食・ドライブ・買物・映画・カラオケ・スポーツ・コンサート等にいったことと考えて下さい）」
　3）最も親しい友人（学内・学外）〈個人〉：
　　　「松山（桃山学院）大学生の中で，あなたが現在最も親しいと思っている友人を一人だけ思い浮べて下さい」

　この調査によって，両大学の学生の友人ネットワークの実態に，顕著な差が存在することが明らかになったのである。まさに〈都市的ネットワーク〉ともいえる特徴が判明したのである。この特徴が，どのようにして生み出されてきたのかについて，量的調査と事例調査のデータを分析していった。その結果，両大学が立地している場所によって必然的に規定されてくる両大学の特徴＝〈都市的状況〉によって，〈都市的ネットワーク〉が生みだされてくることがわかってきたのである。

本章では,両大学の〈都市的状況〉の違いと,両大学の友人ネットワークの顕著な違いを整理していくことにしたい。

1 大都市大学と地方都市大学の〈都市的状況〉の差異

両大学の〈都市的状況〉の差異,すなわち,大学の立地している場所によって必然的に規定されてくる両大学の特徴としては,
(1)両大学の学生を集める範囲(ヒンターランド)に差があること
(2)両大学の新入生の同高校出身者の比率が大きく異なること
(3)両大学の大学生活の基本構造が顕著に違っていること
の3点を指摘することが可能である。

(1) 学生を集める範囲の差

大都市圏内にある桃山学院大学と,地方都市にある松山大学では,学生を集める範囲が大きく異なっている。表7-1に示される両大学生の出身地構成比率からも理解できるように,両大学のヒンターランド構成は,人口約45万の松山市と人口約870万の大阪府の範囲が,また人口約150万の愛媛県と,人口約2200万の近畿圏の範囲が,ほぼ同じ範囲に相当している計算となるのである。すなわち,大都市大学の方が圧倒的に広い範囲から学生を集めているのである。この差は,桃山学院大学が交通の便がよく人口も密集した大都市圏に立地し,松山大学が市外との交通の便が悪い地方の県庁所在都市に立地していることによって,必然的に規定されている特徴と考えられるのである。

表7-1　両大学の学生の出身地構成（1994年4月1日当時）

桃山学院大学		松山大学	
全学生	7,344 (100.0%)	全学生	6,533 (100.0%)
近畿(2府5県)出身学生	5,649 (76.9%)	愛媛県出身学生	4,216 (64.5%)
大阪府出身学生	3,286 (44.7%)	松山市出身学生	2,739 (41.9%)

（2）新入生の同高校出身者の比率の違い

　ヒンターランドが狭い松山大学では，同じ高校から多くの学生が大量に集まる傾向がある。表7-2に示されるように，松山市内の5つの公立高校からは各校60人以上の大量の学生が同時に入学してくるのである。さらに松山市内の高校がいずれも松山市内の中学校さらには小学校を学区として人を集めている事実を鑑みると，地方都市大学において「新入生相互の面識度が非常に高い（匿名性がない）」という特徴があることを意味している。

（3）大学生活の基本構造の違い

　大都市圏の交通の便のよさは，自宅生比率を顕著に高めている（表7-3）。松山大学の場合，予讃線の不便さから隣接市町村でも下宿する学生が存在しているのである。また大都市圏では，長時間の電車通学によって，生活圏の拡大とともに，大学生活の基本構造にも顕著な影響を与えている（表7-4, 7-5）。すなわち，自宅生活圏，バイト空間圏（大都市中心部＝難波），学校生活圏が明確に異なっている大都市圏と，それらが近接（重複）する地方都市という顕著な差が存在している。

表7-2　両大学の出身高校別1994年度入学者数上位10校

桃山学院大学 (1994年度入学生＝1,674名中)				松山大学 (1994年度入学生＝1,562名中)		
高校名	実数	対入学生比(％)		高校名	実数	対入学生比(％)
桃山学院	38	2.3	1	松山北	114	7.3
泉　北	25	1.5	2	松山西	91	5.8
和　泉	24	1.4	3	松山中央	88	5.6
上　宮	24	1.4	4	伊　予	69	4.4
堺　東	22	1.4	5	松山南	60	3.8
佐　野	20	1.3	6	済　美	54	3.5
初　芝	19	1.1	7	新　田	53	3.4
浪　速	19	1.1	8	東　温	41	2.6
鳳	17	1.0	9	聖カタリナ	32	2.1
清教学園	16	1.0	10	宇和島南	32	2.1

表7-3　自宅―下宿比率

(単位：％)

	自宅生	下宿生
桃山学院大学	71.1	28.9
松山大学	44.1	55.8

表7-4　通学交通手段

(単位：％)

	電車	徒歩	自転車	バイク	自動車	その他・不明
桃山学院大学	70.8	9.1	9.2	10.7	―	0.2
松山大学	4.4	6.7	47.2	28.9	11.9	0.9

表7-5　通学所要時間

(単位：％)

桃山学院大学	30分以内	30〜60分	60〜90分	90〜120分	120分以上	合計
	21.1	16.7	23.8	24.1	4.4	100
松山大学	10分以内	10〜30分	30〜60分	60〜120分	120分以上	合計
	50.4	40.0	7.7	1.6	0.1	100

2 〈都市的ネットワーク〉——両大学の友人ネットワークの顕著な違い

　調査の結果，両大学で顕著に異なっていた友人ネットワークの実態は，〈都市的ネットワーク〉の存在を示唆する結果であった。その特徴は，
　(1)友人形成における既存ネットワークの影響
　(2)選択肢の大きさによる学外中心型と学内中心型の差
　(3)学内友人とのつきあい方の差
の３点に整理することが可能である。

(1) 友人形成における既存ネットワークの影響

　地方都市大学の場合，既存ネットワークが入学当初から強固に存在し，しかもそれがその後の友人形成に大きな影響を与えているのに対して，大都市大学での友人形成は，〈０からの出発〉の状態であり，あまり既存ネットワークに影響を受けないという違いがある。
　表７-６は，調査時点（大学２年生の９月）で，学生が最も親しいと思っている学内友人を，「入学以前の知合い（同高校出身者）」「入学以降初めて（＝１年の春頃）友人となった人」「それ以外の人」に３分類し比率で示した表である。また表７-７は，その人と親しくなったきっかけである。
　これらの表からは，「大学生の友人の大部分は１年生のときしかも入学当初に決まってしまってその後は変化しない」という驚くべき事実とともに，地方都市大学において，出身学校（小・中・高）が同じという既存ネットワークの影響がきわめて強いという実態が顕著に読み取れるだろう。

第7章 〈都市的状況〉と都市的人間関係

表7-6 〈最も親しい人（学内）〉と自分との関係 (単位:％)

	桃山学院大学	松山大学・人社2*	松山大学全体
入学以前からの知合いである	16.0	48.0	35.3
［同じ高校出身者である］	[11.2]	[38.9]	[31.2]
入学以降初めて友人となった人である	40.0	38.9	42.1
上記以外の人である	44.0	13.1	22.6
合　計	100.0	100.0	100.0

注：＊は，桃山学院大生が2年生のみを対象とした調査であるため，松山大学の場合も同じ2年生（人社2）を比較対象とした。

表7-7 〈最も親しい人（学内）〉と親しくなったきっかけ

(単位:％)

	桃山学院大学	松山大学・人社2*	松山大学全体
出身小学校または中学校が一緒であったこと	0.8	7.1	4.7
出身高校が一緒であったこと	11.3	31.3	26.1
一般演習（基礎演習）が一緒であったこと	12.9	5.4	3.6
英語のクラスが一緒であったこと	15.3	18.8	21.2
ゼミが一緒であったこと	—	—	1.3
サークルが一緒であったこと	40.3	29.5	22.9
アルバイトが一緒であったこと	0.8	0.9	2.5
友人に紹介されたこと	5.6	1.8	5.8
その他	12.9	5.4	8.9
合　計	100.0	100.0	100.0

桃山学院大学A男（堺市内高校出身2年）

「同じ高校から桃山学院大学へは，何人か知り合いが入学することは知っていた。しかし，入学式時点では，ほとんど友人はいないに等しい状態だった。入学式には一人で参加した。入学当初は，知り合いも少なかったので『とにかく友達をつくらねば』といろいろなことをした」

松山大学B男（松山市内高校出身2年）

「松山大学に進学した同高校出身者はたくさんいる。その内20人位は知っていた。入学式には，高校3年の時同じクラスで仲のよかった友人と待ち合わせて2人で出席した。入学当初は，その友人とやはり同じ高校出身の彼の友人と3

> 人でいつも一緒に行動していた。やはり気心の知れた昔からの友人と一緒に行動するのが自然であり，楽であったのだと思う」

　こうした既存ネットワークの強さは，その後の友人形成の同質結合傾向を強めるという意味で大きな影響を与えることとなる。表7－8は，学内の〈最も親しい人〉と自分の出身高校所在地が同じか違うかという同質結合の度合いを整理したものである。

　表7－8が意味するところは，桃山学院大学では，大阪府内の高校出身者が，〈最も親しい人〉に大阪府内高校出身者を挙げた場合が全体の43.5％で，近畿圏内の高校出身者を挙げた者が28.3％，近畿圏外の高校出身者を挙げるケースが28.3％であったということである。すなわちこの表には，回答者と相手（最も親しい人）との出身地の異質性が表わされているのである。もしランダムに友人形成がなされると仮定すると，比率は回答者の出身地構成の比率と同じになるはずである。しかし松山大学では，市内高校出身者の71.7％が市内出身者同士と，県内高校出身者の53.4％が県内出身者同士，県外高校出身者の60.0％が県外出身者同士と，同質的な友人形成をしているのである。

　このような地方都市大学生の同質結合の強い友人ネットワークの実態は，地方都市の排他性を象徴する結果とも位置づけられるが，このような結果が表われてくる原因については，事例調査によって次のような側面が明らかとなっている。

> 桃山学院大学Ｃ子（近畿圏外（香川）出身3年）
> 「入学式の時は，『友人ができるだろうか』という不安で一杯であった。私は人から声をかけられるまでその不安と戦う自信がなかったので，自分から声をかけた。彼女を選んだのは，きっと自分と似たタイプだったからだ。けばい系，

ネクラ系，性格合わなそう系はとりあえずパス。見るからに2人，3人になっている人やカップルで入学しましたぁーみたいな人達もパス。見るからに人のよさそうな，一緒にいて落ち着きそうな人が合格だった」

松山大学D子（県外（福岡）出身4年）
「私は県外出身なので，入学以前からの知り合いはまったくいなかった。入学式に行くまでは，不安はなく，『どんな人と出会えるか』と期待に胸をふくらませていた。しかし，いざ行ってみると市内高校出身者ばかりで，すでにグループができていたりして，大学ってこんなものかと少しショックを受けた。最初の友人は，健康診断の時，たまたま一緒になった人で，その人も県外出身でひとりでいたので一緒に行動するようになった」

表7-8 〈最も親しい人（学内）〉と本人の同質性（出身高校所在地）

(単位：％)

【相手（最も親しい人）の出身地】

桃山学院大学	大阪府内	近畿圏内	近畿圏外	合計
回答者の出身地＝大阪府内	43.5	28.3	28.3	100
＝大阪府外の近畿内	34.2	44.7	21.1	100
＝近畿外	45.9	24.3	29.7	100
回答者全体の出身地構成	38.2	30.9	30.9	100

松山大学・人社2	松山市内	愛媛県内	愛媛県外	合計
回答者の出身地＝松山市内	73.4	12.5	14.1	100
＝松山市外の愛媛県内	17.4	60.9	21.7	100
＝愛媛県外	14.3	21.4	64.3	100
回答者全体の出身地構成	55.2	20.7	24.1	100

松山大学全体	松山市内	愛媛県内	愛媛県外	合計
回答者の出身地＝松山市内	71.7	13.7	14.6	100
＝松山市外の愛媛県内	21.2	53.4	25.4	100
＝愛媛県外	20.5	19.5	60.0	100
回答者全体の出身地構成	44.9	22.9	32.2	100

ここで注目されるのは，下線部分の表現である。すなわち既存ネットワークをもたない学生にとって，もっている学生に対しては，なかなか「近づきにくい」という印象が強く，また「近づこうとしない」傾向が存在するのである。しかしこの「すでに親しくしている」「グループができている」という県外生たちの意見を，市内生側の論理に照らしてみると少し印象が異なっている。それは，先に挙げた松山大生Ｂ男の下線部分（「気心の知れた昔からの友人と一緒に行動するのが自然であり，楽であった」）に象徴される論理に対応しているのである。
　すなわち，松山市内高校出身者にとっては，意識的に県外生を排除しているわけではないが，昔からの知り合いと仲良くしていることによって，県外生側に「近づきにくい」という印象を与えてしまっているのである。こうした〈無意識の排他性〉によって松山大学では，県外生は県外生同士友人形成をとり結ぶ傾向が強くなってしまっていると考えられるのである。
　すなわち，地方都市大学生の友人ネットワークの同質性は，地方都市大学生が排他的であるからではなく，既存ネットワークの強固さによる〈無意識の排他性〉のメカニズムによって引き起こされていると考えられるのである。その結果，地方都市大学では，「市内生は市内生同士，県外生は県外生同士の友人形成をする傾向が高く」，入学当初〈０からの出発〉をしている大都市大学生では，「出身地によるネットワークの同質結合傾向はみられず，構成員の出身地構成比率に近い友人形成をする傾向」がある，と考えられるのである。

（2）学外中心型―学内中心型――選択肢の多さ

両大学の友人ネットワークの顕著な違いの第2点目は，大都市大学が学外中心型，地方都市大学が学内中心型という，友人関係のつきあい方の違いである。

表7-9は，〈主観的友人数〉の結果を比較したものである。全友人数に占める学内友人の比率は，桃山学院大学が45.9％に対して松山大学が59.0％である。表7-10の〈客観的友人数〉でも，桃山学院大学が学内3.7人，学外5.2人であるのに対して，松山大学では，学内7.0人，学外3.8人と明らかに松山大学の方が学内の数が多くな

表7-9 主観的友人数および学内比率

		桃山学院大学	松山大学・人社2	松山大学全体
大学内	平均友人数	18.5人	13.4人	14.6人
	平均親友数	2.6人	3.2人	3.7人
大学外	平均友人数	21.0人	6.1人	10.0人
	平均親友数	3.9人	1.9人	2.7人
友人の学内比率		46.8％	68.7％	59.3％
親友の学内比率		40.0％	62.7％	57.8％
学内比率（総計）		45.9％	67.5％	59.0％

表7-10 客観的友人数 (単位：人)

	桃山学院大学	松山大学・人社2	松山大学全体
学内	3.7	6.6	7.0
学外	5.2	3.2	3.8

表7-11 学内と学外の最も親しい人を比較するとどちらがより親しいか (単位：％)

	桃山学院大学	松山大学・人社2	松山大学全体
学内の最も親しい人	28.5	58.6	53.9
学外の最も親しい人	71.5	41.4	46.1
合　計	100.0	100.0	100.0

っている。

　またこの傾向は，単に友人の量的な側面ばかりでなく質的な側面にもみられる傾向である。表7‐11にも示されるように，学内の〈最も親しい人〉の方が学外より親しいという者の比率は，桃山学院大学の28.5％に対して松山大学では53.9％とやはり地方都市の方が圧倒的に多くなっているのである。こうした大都市＝学外中心型，地方都市＝学内中心型という図式は，どうして生まれてくるのだろうか？　この点についても，事例調査の検討が参考になる。

> 桃山学院大学E子（大阪府内高校出身3年）
> 「高校時代の友人のほとんどは大阪に住んでいるので，個人的に会う子とは，今でも定期的にとはいわなくても，暇さえあれば会っています。グループで会う友人はだいたい4人で，スキーなどの旅行にいったりしています。それ以外の友人はアルバイトや友人の紹介等で知りあった人達です。彼等とは個人的に会うことはほとんどなく，4〜15人位のグループ単位で会っています。彼等とは話すことよりもむしろ遊ぶことに重点が置かれているような気がします。現在友人関係は親密さで考えると，やはり高校時代の友人が長い間お互いを知っているせいか一番で，その次に大学の友人で，その他の学外の友人という順番になるでしょう」

> 松山大学F子（松山市内高校出身4年）
> 「高校時代に親しかった友人は10人ほどで，現在彼女等は松山に4人，広島に3人，大阪2人，岡山1人，東京1人というふうにバラバラになってしまいました。彼女等とは手紙，電話や松山に帰ってきたときに会ったり，こちらから出向くと泊めてもらったりしています。遠くの友人と接触を保つのはお金がかかるのでもっぱら手紙で2カ月に1回ぐらい，ふと思いだした時に書いたりする程度です。高校時代の友人や学内の友人を除くその他の友人は，主としてアルバイトが同じ友人たちです。人数的には15〜16人位で，たまにドライブや仕事の後に遊びにいくなどのつきあいをしています。私の友人を全体的にみると接触回数においても，親しさの点においても学内の友人に比重がかかっていると思います」

この 2 人の事例で注目されるのは，高校時代の友人づきあいが現在どのように続いているかについての部分である。松山の大学生の場合，高校時代に親しくしていた友人は，東京や大阪の大学へ進学した等の理由によって〈分断化〉され，〈非日常的〉な関係になっている場合が数多く存在していたのである。それに対して，大阪の大学生の場合は，高校時代の友人の多くは大阪に居住しつづけ，〈日常的〉な関係を継続することが可能な状態にあるのである。また，それらの友人は自宅空間の近い場所で関係を継続することが可能であり，大都市の学外型を促進していると考えられるのである。逆に地方都市における〈高校時代の友人の分断化〉〈生活圏の重複〉という事態は，地方都市大学生の学内中心型に影響を与えているのである。

こうした友人ネットワークのつきあい方の差は，別な観点から考えると，大都市大学生の方が，地方都市大学生よりも，状況的に多くの友人づきあいの選択肢を保有していると一般化することも可能であろう。

(3) 友人とのつきあい方の差——単一送信型—多重送信型

大都市大学生と地方都市大学生の友人ネットワークが顕著に異なっていた第 3 点目は，学内友人とどのようにつきあっているのかという実態の差であった。

表 7-12, 7-13 は，「前期試験の際のノートの貸し借り」「出席カードの出し合い」の状況を示したものである。この表で特に興味深い点は，両大学で「誰かにノートを貸した (借りた)」という比率と「〈最も親しい人〉にノートを貸した (借りた)」という比率に差があるという点である。すなわち，松山大学では，「誰かにノー

表7-12 講義関連の友人間の交換関係 (単位:%)

	桃山学院大学	松山大学・人社2	松山大学全体
前期試験の際,誰かにノートを貸したことがある	66.4	70.1	59.4
前期試験の際,誰かにノートを借りたことがある	80.8	86.3	74.0
前期期間中,誰かの出席カードを出してあげたことがある	31.2	70.9	60.2
前期期間中,誰かに出席カードを出してもらったことがある	40.0	65.0	56.5

表7-13 講義関連の最も親しい友人との交換関係 (単位:%)

	桃山学院大学	松山大学・人社2	松山大学全体
前期試験の際,最も親しい人にノートを貸した	41.0	50.0	51.5
前期試験の際,最も親しい人からノートを借りた	42.6	56.9	54.6
前期期間中,最も親しい人の出席カードを出したことがある	15.3	36.5	39.5
前期期間中,最も親しい人に出席カードを出してもらった	12.9	36.2	39.1

トを貸したことがある」と答えた者は59.4%で,「〈最も親しい人〉にノートを貸したことがある」と答えた者が51.5%とあまり差がないのに対して,桃山学院大学のその比率は,それぞれ66.4%と41.0%と大きな差が表われているのである。この結果は,松山大学では,ノートの貸し借り等が〈最も親しい人〉を中心として行われているのに対して,桃山学院大学では,松山大学より不特定多数の友人間で行われていることを示唆している。すなわち,〈単位取得の道具的手段〉として友人を使う行為自体は両大学とも変わらないが,「どの友人を使っているか」という点で違いがみられるのである。すなわち,松山大学では,〈最も親しい人〉がより多く〈単位取得の道具的資源〉として活用されていたのである。

第7章 〈都市的状況〉と都市的人間関係 141

表7-14 学内の最も親しい人との行動について (単位:%)

	桃山学院大学	松山大学・人社2	松山大学全体
ドライブ	25.2	41.0	42.0
買い物	61.3	67.5	72.4
映 画	18.5	31.6	29.6
カラオケ	52.0	65.8	68.5
スポーツ	29.3	39.3	45.7
コンサート等のイベント	12.2	7.7	12.2
ボーリング	29.5	47.0	50.6
ファミコン・ゲームセンター	34.4	51.3	47.0
パチンコ	9.8	19.7	21.8
麻 雀	4.9	12.0	12.6
一緒に御飯を食べに行く	88.7	92.3	88.5
一緒にお酒を飲みに行く	55.3	67.5	62.4
悩みごとを相談する	67.7	72.6	65.0
時事問題を話し合う	29.3	37.6	27.7
近況報告をする	70.7	66.7	60.4
うわさ話をする	70.2	67.5	69.3
一緒にビデオ・テレビを見る	39.8	50.4	57.9
研究内容を討論する	5.7	3.4	5.3
一緒に試験勉強をする	18.0	30.8	35.9
一緒に旅行する	9.8	24.8	23.5

　表7-14は，前期期間中（4月1日～7月31日）に，学内の〈最も親しい人〉と一緒におこなったことがあると答えた者の比率を示したものである。この表にも示されるように，松山大学生は，さまざまな項目にわたって一緒に行動する比率が格段に高くなっている。桃山学院大学生が比率で上回っている項目は，「近況報告」「うわさ話」「研究内容の討論」等の会話を中心とした大学内でできる項目だけである。それに対して，松山大学生の場合は，「ドライブ」「映画」「ボーリング」「パチンコ」「麻雀」といった遊びのすべての項目をはじめ，「一緒に試験勉強をする」や「一緒にビデオ・テレビを見る」さらには「一緒にファミコンをする」の項目においても桃

山学院大学の学生を比率で大きく上回っているのである。すなわち地方都市大学生は，学内の〈最も親しい人〉と，「悩み相談」も「会話」も「遊び」もあらゆる側面で，行動を共にする傾向が強いのである。こうした地方都市大学生のいわば〈べったり型〉の友人関係は，ネットワーク論の表現を借りるならば〈多重送信型〉ネットワークと位置づけることが可能であろう。これに対して大都市大学生は，大学内に限定された会話を中心としたつきあいの比率が高く，比較していうならば〈さらっと型〉〈単一送信型〉のネットワークをもっていると一般化できるのである。

桃山学院大学 G 男（大阪府内高校出身 2 年）

「私の友人の全体像は，学内では，サークル（イベント系）の友人約10人，サークル外の学内友人約10人，学外では，高校時代の友人約10人，バイトの友人約 5 人，その他約 5 人というところだ。学校のある日は，ほとんどサークルの友人との行動が多い。サークル外の学内友人とは授業の時や登下校時に一緒になることが多い。週末は，地元で高校時代の友人やバイトその他の友人と遊びに行くことが多い。長期休暇は，学内地元半々ぐらいだが地元が少し多い。全体的に，その場その場でつきあうことが多い。学内での行動は，たいていサークルのメンバーとだが決まった顔ぶれではない。4・5限になるとサークルのメンバーは帰っていないことが多いので，授業の友人と一緒にいることが多い。学内の友人とは，サークルのイベント以外は話中心のつきあいである。学外の友人は，地元の友人が多いので，アルバイトが終わってから遊びにいくことが多い。学内の友人と比べて，行動範囲が広く，飲みにいったり，買物にいったりすることも多い」

松山大学 B 男（松山市内高校出身 2 年）

「全般的にいうと，普段，週末は学内の友人が中心，長期休暇中は学外の友人が中心といったつきあいだ。普段は，学校にきたらすぐ教室に行きそこで友人と会う。昼食も決まった友人 2 人と食べる（履修を組む段階から昼時 1 人にならないようにしてある）。常に 2 ～ 3 人で行動し，空き時間や日曜日に，買物に行ったり，話をしたりしている。そのうちの 1 人とはサークル（アウトドア系）も一緒である。それ以外の学内は，サークルが中心で，サークル後夕食を

> 食べに行ったり，たまに集まって町に遊びに行ったりしている。学外の友人で，最も親しくしているのは中学校まで一緒で高校が違う2人の友人である。1人は隣の愛媛大生で，遊ぶときはどちらかの家に行って，ドライブ，飲み会，帰ってきてファミコン等をする家が拠点のつきあいである。深刻な相談はほとんど彼にしている。話の内容はかなりこい。彼とは一生の友達と思う。もう一人は神戸に住んでいるが，長期休暇中は実家に帰っているので，3人でテニスや水泳等のスポーツをよくする。高校時代の友人は部活の仲間が中心である。半分ぐらいは県外の大学生である。部活のOB会があるので年2回は絶対会う。話はつきないし昔のように馬鹿をやって遊ぶが，それ以外は電話程度である」

　これらの事例には，大都市大学生が，「学内」「学外」ともにそれぞれ場合分けをした〈広く浅い〉〈単一送信的〉なつきあいをしている実態，及び地方都市大学生が，〈狭く深い〉〈多重送信的〉な関係をもっている実態がよく示されている。またこの事例で注目されるのは，こうしたつきあいのスタイルの違いが，〈都市的状況〉に大きく影響を受けているという点である。すなわち，大都市大学生の場合分けしたつきあいのスタイルは，学生の生活空間が，大学空間，居住空間，アルバイト空間と明確に区別されている状況に影響を受けていると考えられるのである。同様に地方都市大学生のつきあいスタイルは，大学空間と，居住空間，アルバイト空間がオーバーラップしている松山市の〈都市的状況〉を反映しているともいえるのである。

3　〈都市的状況〉と〈都市的なるもの〉

　以上，大都市大学生と地方都市大学生の友人ネットワークの実態の違いを3点にまとめて整理してきた。
（1）地方都市大学生の友人形成においては，入学以前からの既存ネットワークが大きな影響を与えているが，大都市大学生の場

合はその影響が少なく，実際入学後の友人ネットワーク構成（市内出身者同士の比率が高い）に顕著な差をもたらしているという特徴。
(2) 地方都市大学生は学内中心型，大都市大学生は学外中心型の友人ネットワークを形成している。これは，大都市大学生の方が，状況的に多くの友人づきあいの選択肢を保有しているという特徴でもあった。
(3) 友人づきあいのスタイルは，地方都市大学生が〈狭く深く型〉〈べったり型〉〈多重送信型〉，大都市大学生が〈浅く広く型〉〈さらっと型〉〈単一送信型〉となっているという特徴。

これらの特徴は，両大学の友人ネットワーク調査の結果を比較分析する中で明らかになってきた特徴であるが，これらは，大学生ばかりでなく一般市民にも通じる普遍的な傾向を示す特徴と考えられる。すなわち，この調査をたとえば大都市と地方都市に立地する「会社」や「コミュニティ」のメンバーを対象として実施したとしても，同様な結果が得られるであろうということが推測されるのである。これらのことは，大都市と地方都市で，人間が実際にとり結ぶ友人ネットワークが，明確に異なっており〈都市的ネットワーク〉というべき特徴が明確に存在することを示唆しているといえよう。

またこの分析で明確になってきたのは，〈都市的ネットワーク〉を規定する大きな要因として，人口規模や密度といった生態学的要因だけではなく，〈都市的状況〉といった複合的要因を想定する必要があるという点である。

今回は〈都市的状況〉を，「両大学が立地している場所によって必然的に規定されてくる両大学の特徴」と暫定的に定義し，具体的

には以下の３つの指標を基に分析を進めてきた。

(1)学生を集める範囲（ヒンターランド）の差

(2)新入生の同高校出身者比率の違い

(3)大学生活の基本構造（下宿生比率・通学手段・通学時間）の差

これらの３つの指標は，ネットワーク調査をしなくても大学の資料をもとにある程度明確となる指標であった。すなわち全国の大学の上記の３指標の資料を入手すれば，その大学がおかれている〈都市的状況〉が理解できるという可能性も秘めた概念と位置づけられるのである。

今回の分析方法が必ずしも完全な指標となるとはいえないが，〈都市的状況〉という概念を精緻化していきながら，〈都市的なるもの〉の特徴を解明していくという研究の方向性は，今後の都市社会学の有力な調査研究方法といえるのである。

以下の整理は，これまでの既存研究の中で，〈都市的ネットワーク〉を示唆していた研究を整理したものである。こうした研究で提起された指標を参考としながら，〈都市的なるもの〉としてのネットワークの特徴を調査していく研究方法も今後重要となっていくのではないだろうか。

都市的ネットワークを示唆する先行研究

１）〈単一送信型ネットワーク〉

〈単一送信型〉〈多重送信型〉という分類は，南アフリカのホーサ族の移住者が都市の諸制度の中に吸収される度合いの違いをネットワーク構造の相違から検討した社会人類学者メイヤー（P. Mayer 1963）の研究に端を発している。同じ地域出身である〈スクール〉ホーサ族が〈レッド〉ホーサ族よりもはるかに急速に都市的社会状況への統合が促進されたことを両者のネットワーク構造の差異から説明

したのである。すなわち〈レッド〉の小規模で高密度で多重送信型ネットワークと〈スクール〉の大規模で低密度で単一送信型ネットワークという差異が，都市生活の主流に同化する度合いを規定していることを明らかにしたのである。

〈多重送信型〉という語は，当初グラックマンによって唱えられ後にネーデルが改めて提起した「多重送信性（multiplex）」なる概念から導きだされた用語といわれている。多重送信型ネットワークとは，同じ人とさまざまな場面で種々異なる目的をもってとり結びうるような許容性を内包する関係性のタイプであり，〈単一送信型〉ネットワークとは，異なる目的に応じてそれぞれ異なる人々と関係をとり結び，交換される財が限定的であるようなネットワークのタイプである。すなわちこれらの概念は，個人ネットワークの重複度に着目し，多くの役割が重複している関係を〈多重送信的（multiplex）あるいは複紐帯的（many-stranded）〉，単一の役割関係に基づく関係を〈単一送信的（uniplex）あるいは単紐帯的（single-stranded）〉と位置づけるものである。

メイヤーは，後者の〈単一送信型〉ネットワークが都市的生活様式の獲得にとって重要な要件となっていた点を重視したわけである。メイヤーの解釈をさらに深めて考えると，都市生活においては，個人の選択性を拡大するような単一送信的ネットワークが重要な意味をもっており，都市的ネットワークのひとつの重要な特徴として解釈することが可能であろう。

2）〈親密な第二次的関係（Intimate Secondary Relationship)〉

アメリカの社会学者ワイヤーマン（P. Wireman 1984）は，最近の都市における地域組織化過程を実証的に研究する中で，新しいタイプの人間関係の型＝〈親密な第二次的関係〉が登場してきていることに着目した。この概念は，これまで社会学において古くから使われてきた〈第一次的（primary）関係〉と〈第二次的（secondary）関係〉という概念の中間的位置をしめる関係であり，第一次的関係の

親密さをもちながら第二次的関係の特性をもっている関係を指し示すものである。
　親密な第二次的関係の14の具体的特徴：
　　「強いかかわりあい」「あたたかさ」「親密さ」「所属感」「ラポール」「性格の相互認識」「最小限の個人情報の共有」「最小限の社会化」「家族的というより個人的かかわり」「限られた時間や場合での関係」「脱退するのに低いコスト」「拡散した目的ではなく個別的目的」「私的問題より公的な問題を考える」「公的場所をミーティングの場所として好む」

ワイヤーマンは，最近の都市コミュニティでしばしば観察される，「親密ではあるが深入りはしない〈さらっと型〉の関係」や「関係をやめたいときに簡単にやめられる（脱退するのに低いコストの）関係」が，新しい都市的な人間関係を象徴しており，これまでの社会学概念では捉えられないとしたのである。こうした新しい人間関係は，日本の地域社会のボランタリー・アソシエーションにもよく観察される特徴である（大谷　1900）。高橋勇悦（1988）は，一次的関係と二次的関係の中間の概念として，一・五次関係という概念を提起している。
　第一次集団とは：
　　クーリー（C. H. Cooly　1909）は，第一次集団を「人々が対面的関係のなかで親密に協同する小規模な集団（家族・同輩集団・近隣集団・遊び仲間等）」と最初に位置づけた。その後第一次集団という概念は広く用いられるようになり，集団志向と属性原理が尊重され主情的に結合する小集団のすべてを指すにいたった。クーリーは第一次集団と反対の性質をもつ集団に名称を与えなかったが，一般に第二次集団と呼ばれ，間接的・非人格的な相互作用によって特殊な関心を満たすための大規模な集団で，そこにおいては，人々は自己志向性がつよく他者との結合は自己の関心を満たすための手段であり，業績原理と分業関係が優越していると概念化されている。

3）〈選択的ネットワーク〉

　フィッシャー（C. S. Fischer　1982）は，都市化とネットワークについての一般的見解として，「アーバニズムは，親族，近隣，教会といった伝統的で複雑な人々とのかかわりを明らかに減少させ，より現代的で，仕事や世俗的アソシエーションやよりどころのない友情といったよりボランタリーな文脈での人とのかかわりあいをわずかに増加させる」という見解を提示している。また，フィッシャーは，「都市的ということは，より選択的であるということである」と述べ，都市的ネットワークの特徴を選択性（selectivity）・選択的（more selective）という観点で捉えている。

第8章 〈都市的なるもの〉を規定する要因
―― 都市ほど近隣関係は希薄なのか

1 都市度と近隣関係希薄化の議論

　ウェーバーは，都市の定義を考察する過程で，経済学的本質と社会学的本質を区別してその特徴を述べていた。経済学的本質として重視したのは「市場」や「非農業」という点であり，社会学的本質として強調したのが「近隣関係が希薄である」という特徴であった。

> **ウェーバー（M. Weber 1921）の都市の社会学的定義**
> 都市とは，巨大な一体的定住を示すごとき聚落（家と家とが密接しているような定住をいう）であり，したがって，そこには，都市以外の隣人団体に特徴的な，住民相互間の人的な相識関係が欠けているということである

　世界の数多くの都市を考察し類型論を展開したウェーバーが，都市の社会学的本質として近隣関係に着目していたという事実は大変興味深いことである。その後も都市と近隣関係の関連については，シカゴ学派を中心として，さまざまな議論が展開されてきた。他の第一次集団と同様に近隣社会はアーバニズムによって弱まると指摘したワースの議論はその代表的なものといえよう。
　しかしウェーバーやワースが指摘した〈都市ほど近隣関係が希薄である〉という命題は，これまで厳密な意味において，実証的に証

明されていないという事実にも注目していく必要があると思われる。ウェーバーが指摘した特徴を調査研究で厳密に実証していこうとするには，少なくとも「都市住民が非都市住民よりも，隣人や近所の人を知らないことが多く，交際することが少ない」といった事実等が証明されなければならないはずである。より実践的には，「〈都市度〉の違いを比較するためにどのような調査設計をしたらいいか」という独立変数の問題と，「どのように〈隣人〉や〈近隣関係〉等の概念を定義し，質問文を作成していくか」という従属変数としての〈近隣関係〉の測定方法の問題とが厳密に議論されてこなければならなかったはずである。しかし，これまでの社会学研究においては，こうした調査方法論的前提があいまいにされたまま調査が進められ，その結果から都市化と近隣関係の関連がステレオタイプ的に語られてきたことが多かったといえるのである。

　本章では，〈都市ほど近隣関係が希薄なのか〉という命題を，独立変数としての〈都市度〉と，従属変数としての〈近隣関係〉の測定方法という2つの観点を厳密に検討する形で，1999年に実施した「都市住民の居住類型別パーソナルネットワーク特性に関する調査」（以下，「4都市居住類型別調査」と略す）のデータを使って考察していきたい。

　この調査は，都市別の特徴と居住形態別の特徴がどのようにパーソナルネットワークに影響を与えているかを検証するために企画されたものであり，都市間の比較だけでなく，居住類型間の比較が可能となるように調査設計が工夫されている。また近隣関係についても，〈近所づきあい〉と〈隣人づきあい〉という2つの概念区分を採用し，新たな質問文が開発されている。

　調査の概要は以下のとおりである。

4 都市居住類型別調査の概要：
「都市住民の居住類型別パーソナルネットワーク特性に関する調査」

調査対象市：松山市・西宮市・八王子市・武蔵野市
調査対象地点の選定：各市役所への聞き取り調査によって調査対象地
　　　　　　　　　　点を決定
居住特性別地域カテゴリーの原則：
　第Ⅰ類型：古くからの中心部住宅地一戸建て＝土着型のいわゆる高
　　　　　　級住宅地区，各市2地区を町名で選定
　第Ⅱ類型：ニュータウン一戸建て＝大規模開発による住宅地区
　　　　　　各市2地区を町名で選定
　第Ⅲ類型：分譲マンション＝平均的ファミリーマンション（3DK・
　　　　　　築年数10年前後・最低2棟以上ある）を，2～3選定
　第Ⅳ類型：公営住宅＝典型的な公営住宅（市営・県営・都営）を
　　　　　　2～3選定
（八王子市は第Ⅰ類型・武蔵野市は第Ⅱ類型を該当なしとした）
サンプリング方法：上記の4類型別に代表的「町」・マンション・団
　　　　　　　　　地を特定した後，選挙人名簿を使って等間隔抽出
　　　　　　　　　法にてサンプリング
　＊第Ⅰ類型，第Ⅱ類型のサンプリングでは，抽出されたサンプルが
　　一戸建であることを住宅地図で確認しながら標本抽出を行った
　＊明治生まれの人は，回収が困難と予想しサンプリングの際に除い
　　た
調査方法：郵送調査法
調査時期：1999年1月27日～2月28日
回収分析標本：954／2520（37.9％）
　Ⅰ類型：236／540（43.7％）　Ⅱ類型：246／540（45.6％）
　Ⅲ類型：280／720（38.9％）　Ⅳ類型：192／720（26.7％）
　松山市：259／720（36.0％）　西宮市：328／720（45.6％）
　八王子市：177／540（32.8％）　武蔵野市：190／540（35.2％）

2 独立変数としての〈都市度〉に関する調査設計

　日本におけるこれまでのパーソナルネットワーク研究では、〈都市度〉を自治体の人口規模に基づいて調査設計がなされることが多かった。1989年に私が実施した中四国調査では、広島市（110.9万＝1995年国勢調査人口）・岡山市（61.6万）・松山市（46.1万）・宇和島市（6.5万）・西条市（5.7万）の5都市の比較によって都市度を検討した（大谷　1990）。すなわちそれは、同じ市に住んでいれば〈都市度〉は同じという前提で調査設計されていたということである。同様に1995年に実施された「都市度とパーソナルネットワークに関する調査」でも、東京文京区（17.2万・23区＝796.8万＝1995年国勢調査人口）・東京調布市（19.9万）・福岡市中央区（14.0万・福岡市＝128.5万）・福岡市西区（15.5万）・新潟市（49.5万）・富士市（22.9万）・松江市（14.7万）の7調査地点の比較から都市度が検討された（森岡編　1999）。ただ、この調査では実際の分析の過程では、「大都市都心（東京文京区・福岡市中央区）」「大都市郊外（東京調布市・福岡市西区）」「地方都市（新潟市・富士市・松江市）」という人口規模以外のカテゴリー区分が都市度の変数として採用されていた（この問題点については、大谷　2001b を参照）。
　「4都市居住類型別調査」では、松山市（46.1万＝1995年国勢調査人口）・西宮市（39.0万）・八王子市（50.3万）・武蔵野市（13.5万）の4都市を対象とした。松山市、西宮市、八王子市は、人口規模40万前後の都市であるが、松山は地方中核都市、西宮は大阪圏の近郊都市、八王子は東京圏の近郊都市という性格をもっている。武蔵野市は、人口13万と他都市よりは小さいが、東京都心に近いとい

う点で調査対象として採用した。すなわち、新宿から約30分の武蔵野市と約１時間の八王子市の比較は、第１章でもふれたように〈都心に近い小規模自治体〉と〈都心から遠い大規模自治体〉の比較の典型例として位置づけたのである。松山市を調査対象に含めた理由は、「松山大学・桃山学院大学友人ネットワーク比較調査」において、松山と大阪圏の学生の友人関係の実態に顕著な差が存在するという結果が判明していたからである（第７章参照）。

また、「４都市居住類型別調査」の調査設計で最も工夫した点は、全市ランダムサンプリングを行わず、居住類型別にサンプルを割り当てたことである。すなわち、まず調査対象都市から、(1)古くからの中心部住宅地一戸建て、(2)ニュータウン一戸建て、(3)分譲マンション、(4)公営住宅、の４つの居住類型地区を同じような規準から選定し、その後その地区から選挙人名簿を使って調査対象者を選定したのである。この方法によって、都市別の特徴と居住類型別特徴がどのようにパーソナルネットワークに影響を与えているかを考察することが可能となったのである。

3　従属変数としての近隣関係の測定方法

（１）既存研究における近隣関係研究

これまで近隣関係に関する調査研究は、国内外を問わず数多くの研究が蓄積されてきた。欧米における既存研究を整理したフィッシャーの『都市的体験』では、都市と近隣関係に関する知見が数多く整理されていたが、質問文を含めた具体的な調査結果に関する記述はほとんど存在していなかった。この事実は、欧米において近隣関係の測定方法に関する議論があまり蓄積されてこなかった事実を象

徴的に示しているといえるだろう。また既存研究のもうひとつの特徴として指摘できるのは、ウェーバーの都市の定義にあった〈隣人づきあい〉に関する研究がとても少ないという特徴である。フィッシャーの概念を借りていうならば、たまたま近所に住むようになった「単なる隣人（just neighbors）」についてはあまり調査されず、親密集団に発展した「真の隣人（real neighbors）」に多くの焦点が当てられてきたといえるのである。またケラー（S. Keller 1968）の表現を借りるなら「場所の近所づきあい（a neighboring of place）」が軽視され、「好みの近所づきあい（a neighboring of taste）」が重視されてきた傾向が存在していたのである。

　以上の特徴は、日本の都市社会学における既存研究でも同様のことが、指摘可能である。近隣関係の質問文は、1970年代のコミュニティ形成論の台頭とともに、数多くの調査研究で実施されるようになってきた。しかしそれらの多くは、的確に近隣関係を測定できたとは到底いえない質問文であり、調査方法論的にも多くの問題を抱えていた（大谷　2001a）。表8－1は1970年代のコミュニティ調査で多用されてきた代表的な近隣関係に関する質問文である。

　①は隣人づきあい、②は近所づきあいに関する質問文である。これらの質問文は、〈となり近所の人〉や〈近所〉という概念が明確に定義されていないために、回答者が「どの人を対象として回答すればよいのか」と困惑してしまう質問文になってしまっている。すなわち、「左隣の人は顔もよく知らないが、右隣の人とは親しくたずねあう間柄である」といった隣近所の多様性がまったく無視されてしまっているのである。また、①の質問文は、選択肢が相互排他的な関係になっていない点でも問題を抱えている。それは「特に用事はなくとも親しく訪ねあう間柄」「趣味や行事を一緒に行なう間

表8-1　代表的「近所づきあい」に関する質問文
(単位：%)

①あなたは，となり近所の人とどの程度のつきあいをもっていますか。	
1．顔もよく知らないくらい	(3.0)
2．道であえば何かとあいさつする程度	(34.1)
3．留守中のことなどお互いにたのみあう程度	(34.0)
4．特に用事はなくとも親しく訪ねあう間柄	(20.4)
5．趣味や行事を一緒に行なう間柄	(7.9)
6．困ったときに相談したり，助け合ったりする間柄	(0.3)
②近所づきあいについていろいろな考え方がありますが，つぎの4つの意見の中で，あなたのお考えに一番近いものを選んで下さい。	
1．同じ土地に住むものとして，近所づきあいをするのは当然である	(74.6)
2．ふだんの生活で困った時，つきあいがないと不便である	(18.3)
3．近所づきあいがなくとも困らないので，必要はない	(2.4)
4．近所づきあいは，わずらわしい事が多いのでしたくない	(4.0)

出典：「八王子市民の生活と意識調査」(磯村英一ほか編　1971)。

柄」「困ったときに相談したり，助け合ったりする間柄」という3つの選択肢すべてに当てはまってしまう可能性があるという問題である。

　また，②の質問文は，選択肢が網羅的でないという点で問題を抱えている。すなわち，近所づきあいについて「するのが当然」とも「不便である」とも「必要ない」とも「したくないとも」思わないが「それなりにやっていくべき」と考える人には答えられない質問文となっているのである。

　このようにこれまでの調査研究では，調査方法論的に問題を抱えた質問文が数多く使われ，実際の近隣関係を測定することができなかった実態が存在してきたのである。今回の調査では，このような問題を考慮し，近隣関係を〈隣人づきあい〉と〈近所づきあい〉に明確に概念区分しつつ，表8-2の質問文を開発した。

　〈隣人づきあい〉については，回答者の両隣のうちで最も親しい

表8-2 「4都市居住類型別調査」で開発した近隣関係質問文とその結果

〈隣人づきあい〉
あなたの〈隣人づきあい〉についてお聞きします。お宅の両隣の家を思い浮かべてください。
その2軒(なければ1軒でも可)に住む人のなかで、あなたが最も親しくなさっている人を一人決めてください。
その人とのつきあい状況についてお聞きします。

- a．その人の家族構成を知っていますか　1．知っている (86.3%)　2．知らない (13.7%)
- b．その人の出身地を知っていますか　1．知っている (51.5%)　2．知らない (48.5%)
- c．世帯主の職業を知っていますか　1．知っている (72.2%)　2．知らない (27.8%)
- d．その人の最終学歴を知っていますか　1．知っている (29.0%)　2．知らない (71.0%)
- e．その人の結婚のいきさつ (未婚の場合は恋人の有無) を知っていますか　1．知っている (21.3%)　2．知らない (78.7%)
- f．その人の現在の悩み事を知っていますか　1．知っている (16.2%)　2．知らない (83.8%)
- g．その人と先月一ヶ月の間に一緒に出かけたり、買物・食事等に行ったことがありますか　1．ある (13.0%)　2．ない (87.0%)
- h．その人におすそわけ (土産を含む) をしたりもらったりしたことがありますか　1．ある (77.5%)　2．ない (22.5%)
- i．その人の家に遊びに行ったり (来たり) したことがありますか　1．ある (35.7%)　2．ない (64.3%)
- j．その人に自分の悩み事を話したことがありますか　1．ある (19.1%)　2．ない (80.9%)
- k．その人とは家族ぐるみのつきあいをしていますか　1．はい (24.6%)　2．いいえ (75.4%)
- l．その人に頼み事 (留守中の事等) をしたことがありますか　1．ある (46.6%)　2．ない (53.4%)

〈近所づきあい〉
あなたの〈ご近所づきあい〉についてお聞きします。今度は近所の人を小学校区内に居住している人とお考えいただき、該当する近所の人の人数をお答えください。

①先月一ヶ月の間に一緒に出かけたり、買物・食事等に行ったことがある近所の人は何人いますか。(1.2人)
②これまでにおすそ分けをしたり、もらったりしたことのある近所の人は何人いますか。(3.4人)
③家に遊びに行ったり、来たりしたことのある近所の人は何人いますか。(2.2人)

表8-3 回答比率が高かった〈隣人づきあい〉項目の順位と項目間の相関行列

	家族構成	すそわけ	職業	出身地	頼み事	行き来	最終学歴	家族ぐるみ	結婚経緯	自分悩み	隣人悩み	一緒外出
1：家族構成を知っている (86.3%)	—											
2：おすそわけ経験あり (77.5%)	.451	—										
3：世帯主の職業を知っている (72.2%)	.484	.384	—									
4：出身地を知っている (51.5%)	.387	.449	.486	—								
5：留守中の頼み事経験あり (46.6%)	.286	.418	.345	.409	—							
6：家への行き来 (35.7%)	.270	.352	.362	.523	.412	—						
7：最終学歴を知っている (29.0%)	.225	.244	.383	.416	.305	.397	—					
8：家族ぐるみのつきあい (24.6%)	.212	.272	.282	.408	.407	.522	.308	—				
9：結婚の経緯を知っている (21.3%)	.183	.223	.296	.407	.321	.459	.478	.351	—			
10：自分の悩みを相談 (19.1%)	.189	.250	.268	.397	.351	.508	.266	.424	.485	—		
11：隣人の悩みを知っている (16.2%)	.150	.214	.241	.313	.280	.397	.272	.389	.445	.560	—	
12：一緒に出かけた(先月一ヶ月) (13.0%)	.144	.181	.216	.318	.272	.432	.315	.379	.471	.466	.414	—

人を〈隣人〉と特定してもらい，「その人の個人情報をどの程度知っているか」という情報認知度と，「その人とどんな関わりをもっているか」という接触内容の2つの側面から，〈隣人づきあい〉の測定を試みた。一方，〈近所づきあい〉については，〈近所の人〉を小学校区内に居住している人と概念規定し，その範囲以内で，「先月1ヶ月で一緒に外出したことのある人」「おすそわけ経験がある人」「家に行き来した経験のある人」の数によって量的に把握した。

（2）〈隣人づきあい〉と〈近所づきあい〉を規定する要因

表8-3は，実際におこなっている〈隣人づきあい〉項目で回答比率の高いものを順番に並べ替えたものである。この表から，住民が日頃どのような〈隣人づきあい〉をしているかの実態を類推することが可能である。最も一般的な〈隣人づきあい〉は，隣人の「家族構成を知っている」という項目（86.3％）であり，次いで「おすそわけ経験あり（77.5％）」「世帯主の職業を知っている（72.2

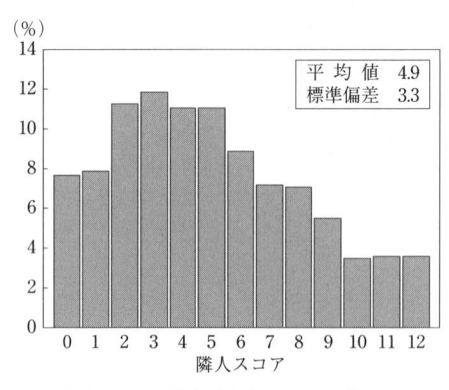

図8-1 隣人づきあいスコア分布

平均値 4.9
標準偏差 3.3

%)」と続き，それらはいずれも7割以上の住民がおこなっている一般的な〈隣人づきあい〉である。それに対して，「先月一ヶ月で一緒に外出した (13.0%)」「隣人の悩みを知っている (16.2%)」「自分の悩みを相談したことがある (19.1%)」「結婚の経緯を知っている (21.3%)」「家族ぐるみのつきあいをしている (24.6%)」等のより突っ込んだ〈隣人づきあい〉はいずれも3割以下の数字であり，あまり一般的でないことが理解できる。

またこの表の相関行列では，他のつきあい項目とその項目の関連の強さが示されている。この表からは，たとえば「隣人の悩みを知っている」と「自分の悩みを相談したことがある」の両項目，「家への行き来がある」と「家族ぐるみのつきあい」の両項目などは，相関が強い〈隣人づきあい〉項目であることが理解可能となる。

図8-1は，回答者が12の〈隣人づきあい〉項目のうち何項目実際に行っているか（○印をつけたか）を〈隣人づきあいスコア〉として指標化したものである。平均値は4.93であり，大体5項目に○印がついているのが一般的だったということである。

表8-4は〈近所づきあい〉に関する質問項目の回答結果を示したものである。小学校区内に居住する人との関係では，「おすそわけ経験」が一人平均3.4人と最も量的に多かった。またおすそわけをまったくしない人の全体に占める比率もわずか15%だけであり，近所づきあいにおける〈おすそわけ行為〉はきわめて一般的なもの

表8-4　近所づきあいしている小学校区内に居住する人

	平均値	標準偏差	最小値	最大値	0回答比率
おすそわけ経験ある近所の人	3.4人	3.4	0人	42人	15.0%
家へ行き来のある近所の人	2.2人	3.1	0人	40人	36.7%
外出経験のある近所の人	1.2人	2.4	0人	40人	58.9%

であることがうかがえる。次に「家へ行き来のある近所の人」(平均2.2人，いないと答えた人36.7%)という項目が続き，「外出経験のある近所の人」という項目は，平均値が1.2人と少ないだけでなく，全体の58.9%が一人もいないと答えており，あまり一般的でない〈近所づきあい〉であることが理解できる。

　フィッシャーの『都市的体験』では，近所づきあいをよくする人々の特徴が次の6点に整理されていた。

　(1)その近隣に長く住んでいる人

　(2)子供を育てている人

　(3)年輩者

　(4)日中家にいがちな人（退職者・主婦）

　(5)中産階級より労働者階級

　(6)近隣社会の同質性(年齢・職業・エスニシティ・ライフスタイル)

の6点である。こうした特徴は，日本社会を対象とした研究においてもほぼ同様な結果が指摘されてきた。東京都練馬区光が丘パークタウンの調査結果を分析した江上渉(1990)，名古屋都市圏ネットワーク調査を実施した松本康(1999)も，フィッシャーとほぼ同様の近隣関係の傾向が存在することを明らかにしている。しかしそれらの調査では，近隣関係が近所での交際人数という〈近所づきあい〉の観点のみから考察され，〈隣人づきあい〉の規定要因には着目されてこなかった。

近隣関係を〈近所づきあい〉と〈隣人づきあい〉に明確に区別した今回の調査結果では，その規定要因に関して興味深い特徴が明らかとなっている。それは，〈隣人づきあい〉規定要因は，居住年数と年齢に関連が強いのに対して，〈近所づきあい〉は子供と関係するライフステージと関連が強いという違いが存在しているという点であった（詳細については大谷　2001aを参照されたい）。

4　都市度と近隣関係

（1）松山が他都市と比較して近隣関係が密でないという事実

　ウェーバーやワースが指摘した〈都市ほど近隣関係が希薄である〉という都市の特徴は実証的に検証できるのであろうか。都市度を人口規模から捉えるか，都心への近さの観点から捉えるか自体は難しい問題であるが，ここではまず松山と対比して大阪近郊都市と東京近郊都市とで近隣関係にどの程度の差異が存在するのかという観点から考察を進めてみよう。

　都市別比較をするにあたって注意しなければならない点は，各都市によって居住類型構成が異なるために単純な都市別の比較ができないという点である。すなわち，武蔵野にはII類型（ニュータウン）が，八王子にはI類型（古くからの一戸建）が欠けているため，I～IV類型がすべてそろっている松山・西宮と単純に比較することはできない点である。その点を考慮してそれぞれの居住類型ごとに〈隣人づきあい〉の都市別比較（クロス集計）をおこなってみた。その結果は，隣人づきあいの程度は都市別に有意な差が存在せず，松山が他都市に比べて隣人関係が密であるという傾向は存在しなかった。

表8-5 分譲マンション居住者の都市別隣人関係（知っている人の比率）
(単位：%)

	全体	松山	西宮	八王子	武蔵野	カイ二乗検定
家族構成	80.4	77.2	89.6	65.0	83.9	＊＊＊
出身地	36.0	36.8	38.5	41.7	25.8	N. S.
世帯主の職業	56.8	53.6	60.8	50.0	59.7	N. S.
最終学歴	16.8	21.4	11.3	17.2	21.0	N. S.
結婚の経緯	12.5	17.9	10.3	13.8	9.7	N. S.
隣人の悩み事	12.5	10.7	14.6	13.8	9.7	N. S.
外出経験	8.5	12.5	6.3	10.3	6.6	N. S.
おすそわけ	64.3	48.2	77.1	60.3	62.9	＊＊＊
家の行き来	25.8	25.0	25.0	22.8	30.6	N. S.
自分の悩み相談	11.4	14.3	11.5	12.3	8.1	N. S.
家族ぐるみ	16.2	14.3	19.8	13.8	14.8	N. S.
頼み事	33.0	25.0	40.6	29.8	31.1	N. S.

注：アンダーラインは都市別比較で最も高い平均値を示した数字。
N. S. = No Significance（有意差なし）。

　表8-5は，分譲マンション居住者だけを対象とした都市別の隣人づきあいのクロス集計表である。表8-5には，都市別に有意な差があった項目が2つ存在している（古くからの一戸建て・ニュータウン一戸建て・公営住宅居住者では，都市別に有意な差のある項目はまったく存在しなかった）。その項目は，「隣人の家族構成を知っているマンション居住者の比率が，西宮（89.6％）・武蔵野（83.9％）で高く，八王子（65.0％）・松山（77.2％）で低いこと」「おすそわけ経験があるマンション居住者の比率が西宮（77.1％）で特に高く，松山（48.2％）で顕著に低いこと」の2項目だけであった。また，都市別の比率の傾向を詳細に分析してみても，松山が大阪近郊の西宮や東京の武蔵野・八王子に比べて「隣人づきあいが密であるという」一貫した傾向は存在していなかった。
　そのことは，回答者が隣人質問項目にいくつ○印をつけたかの総数によって測定した〈隣人づきあいスコア〉の比較でも，同様な結

表8-6-1　古くからの一戸建て居住者の都市別〈隣人づきあいスコア〉

	全体	松山	西宮	武蔵野	F検定
隣人づきあいスコア	5.5	5.4	5.9	5.5	N.S.

表8-6-2　ニュータウン一戸建て居住者の都市別〈隣人づきあいスコア〉

	全体	松山	西宮	八王子	F検定
隣人づきあいスコア	5.3	5.6	5.0	5.5	N.S.

表8-6-3　分譲マンション居住者の都市別〈隣人づきあいスコア〉

	全体	松山	西宮	八王子	武蔵野	F検定
隣人づきあいスコア	3.7	3.6	3.9	3.5	3.7	N.S.

表8-6-4　公営住宅居住者の都市別〈隣人づきあいスコア〉

	全体	松山	西宮	八王子	武蔵野	F検定
隣人づきあいスコア	5.5	5.5	5.8	5.2	5.6	N.S.

果が表われていた。松山が他都市よりも〈隣人づきあいスコア〉が高いのは，ニュータウン居住者の場合だけであり，古くからの一戸建て，分譲マンション，公営住宅居住者では，全体平均よりも低いスコアを示していたのである（表8-6-1～4参照）。

　このことは，松山市が他都市と比べて隣人関係が密であるという事実は存在しないということを明示している。

　こうした〈隣人づきあい〉にみられた「都市別に有意な差が存在しない」という結果は，小学校区内に居住する人との〈近所づきあい〉においても同様な結果が表われていた。表8-7-1～4は，居住類型ごとの都市別近所づきあい数を比較したものであるが，いずれの項目でも検定で有意な差は表われていない。またこれらの表においても，松山で活発な近所づきあいが展開されているという傾

表8-7-1 古くからの一戸建て居住者の都市別近隣づきあい数
（平均人数）
（単位：人）

	全体	松山	西宮	武蔵野	F検定
おすそわけする近隣数	3.1	3.1	2.6	<u>3.5</u>	N.S.
家へ行き来する近隣数	1.9	1.9	1.8	<u>2.0</u>	N.S.
外出経験のある近隣数	1.0	<u>1.3</u>	0.8	1.1	N.S.

表8-7-2 ニュータウン一戸建て居住者の都市別近隣づきあい数
（平均人数）
（単位：人）

	全体	松山	西宮	八王子	F検定
おすそわけする近隣数	4.1	<u>4.8</u>	3.6	4.1	N.S.
家へ行き来する近隣数	2.8	<u>3.1</u>	2.8	2.5	N.S.
外出経験のある近隣数	1.3	<u>1.4</u>	<u>1.4</u>	0.9	N.S.

表8-7-3 分譲マンション居住者の都市別近隣づきあい数（平均人数）
（単位：人）

	全体	松山	西宮	八王子	武蔵野	F検定
おすそわけする近隣数	2.6	2.2	<u>3.0</u>	2.2	2.9	N.S.
家へ行き来する近隣数	1.9	1.7	<u>2.1</u>	1.3	<u>2.1</u>	N.S.
外出経験のある近隣数	1.2	0.8	<u>1.5</u>	1.0	1.2	N.S.

表8-7-4 公営住宅居住者の都市別近隣づきあい数（平均人数）
（単位：人）

	全体	松山	西宮	八王子	武蔵野	F検定
おすそわけする近隣数	3.7	2.7	4.1	3.4	<u>4.7</u>	N.S.
家へ行き来する近隣数	2.3	1.6	2.6	<u>2.9</u>	2.2	N.S.
外出経験のある近隣数	1.2	0.9	<u>1.4</u>	<u>1.4</u>	1.2	N.S.

向はみられなかった。

　以上の結果は，「都市ほど近隣関係が希薄になる」というウェーバーやワースの知見を否定する分析結果と位置づけられる。この結果をどのように理解したらいいのだろうか？　第7章の松山大学と桃山学院大学の友人関係の比較では，明確な違いが存在していた事

表8-8 中四国調査における都市別近隣づきあい数（平均人数）

(単位：人)

	全体	広島市	岡山市	松山市	宇和島市	西条市	F検定
親しい人（近所）	2.7	2.4	2.5	2.6	2.9	3.0	N. S.

	全体	県庁所在都市 (広島・岡山・松山)	地方小都市 (宇和島・西条)	T検定
親しい人（近所）	2.7	2.5	3.0	*($p<0.05$)

注：ワーディング：日頃親しくおつきあい（よく行き来したり，一緒に遊びに行ったり）している親戚・職場の人・近所の人・上記以外の友人はそれぞれ何人いらっしゃいますか。

実を鑑みると，近隣関係の場合は，友人関係と区別して考えていかねばならないといえるだろう。

　ひとつの仮説的見解として考えられるのは，「人口40万を超える松山市は十分都市的であり，西宮，八王子，武蔵野と変わらないのは当然である」という人口規模を重視する解釈である。この仮説の妥当性に関して，松山市よりも人口規模の小さい都市（宇和島市＝人口7.1万・西条市＝人口5.7万）を調査対象に含んでいた中四国調査の結果を使って検討してみよう。表8-8は中四国調査の都市別の〈近所づきあい〉平均人数を比較したものである。検定で有意な差はみられなかったが，人口104万の広島市が2.4人，57万の岡山市が2.5人，43万の松山市が2.6人，宇和島市が2.9人，西条市が3.0人と人口規模が減少するにしたがって，近所づきあいをする人数が多くなる傾向が存在していた。特に，県庁所在都市（広島・岡山・松山）と地方小都市（宇和島・西条）というカテゴリーで比較してみると，前者が2.5人に対して後者が3.0人と検定で有意な差（危険率5％水準）が表われている。この事実は「人口10万以下の地方小都市と松山市以上の県庁所在都市を比較した場合に，〈近所づきあい〉の実態に差異が表われるのでは」という仮説を支持する調査結

表 8－9　居住類型別隣人情報の認知（知っている人の比率）

(単位：％)

	全体	古い一戸建	ニュータウン一戸建	分譲マンション	公営住宅	カイ二乗検定
家族構成	86.3	88.1	91.8	80.4	85.6	＊＊＊
出身地	51.5	60.7	61.2	36.0	50.3	＊＊＊
世帯主の職業	72.2	82.4	81.8	56.8	69.6	＊＊＊
最終学歴	29.0	46.1	30.2	16.8	23.6	＊＊＊
結婚の経緯	21.3	27.5	22.4	12.5	25.1	＊＊＊
隣人の悩み事	16.2	14.9	14.0	12.5	26.4	＊＊＊
外出経験	13.0	12.1	12.8	8.5	20.9	＊＊＊
おすそわけ	77.5	77.3	86.3	64.3	85.8	＊＊＊
家の行き来	35.7	37.5	36.1	25.8	47.3	＊＊＊
自分の悩み相談	19.1	17.2	19.8	11.4	31.7	＊＊＊
家族ぐるみ	24.6	29.9	23.3	16.2	32.0	＊＊＊
頼み事	46.6	49.1	52.1	33.0	56.3	＊＊＊

果と考えられる。

(2) 近隣関係を規定している居住類型別特徴

　今回の調査結果で特に注目すべき点は、〈古くからの中心部住宅地一戸建て〉〈ニュータウン一戸建て〉〈分譲マンション〉〈公営住宅〉という居住類型の違いが近隣関係に大きな影響を与えていたという事実であった。

　表8－9は、隣人づきあい項目と居住類型をクロス集計したものであるが、すべての項目で有意な差が存在している。この表で特に注目できるのは、分譲マンション居住者で極端に隣人づきあいが希薄な人が多いという特徴である。隣人情報の認知度ばかりでなく、実際の関わり面も含めてすべての項目で他の居住類型よりも圧倒的に低い数字を示している。これらの数字は、まさにマンション居住者の「隣は何をする人ぞ」という状況を象徴的に示す数字と位置づ

表8-10 居住類型別隣人スコア

	全体	古い一戸建て	ニュータウン一戸建	分譲マンション	公営住宅	F検定
隣人スコア	4.93	5.45	5.34	3.72	5.54	＊＊＊

表8-11 居住類型別近隣づきあい数（平均人数） (単位：人)

	全体	古い一戸建て	ニュータウン一戸建	分譲マンション	公営住宅	F検定
おすそわけする近隣数	3.4	3.1	4.1	2.6	3.8	＊＊＊
家へ行き来する近隣数	2.2	1.9	2.8	1.9	2.3	＊＊＊
外出経験のある近隣数	1.2	1.0	1.3	1.2	1.2	N. S.

けられる。それは一戸建てと集合住宅という建物による差なのであろうか。

　同じ集合住宅形式の公営住宅と比較して考えてみよう。公営住宅は、隣人情報の認知度という点ではマンション居住者ほどではないが、一戸建に比べると低い数字を示している。しかし「外出経験」「悩み事相談」「家への行き来」「おすそわけ」「家族ぐるみのつきあい」といった実際の関わりの面では、他の居住類型の中でも最も高い数字を示しており、長屋的な隣人接触が存在することを示唆している。

　これらの事実は、隣人づきあい項目に何個〇印をつけたかを示す〈隣人づきあいスコア〉にも同様に示されている（表8-10参照）。特に注目されるのは、分譲マンション居住者が3.72と他の居住類型に比べて圧倒的に低いスコアを示しているという事実であろう。

　こうした「マンション居住者の近隣関係が希薄である」という事実は、〈近所づきあい〉項目では、「おすそわけする近隣数」「家へ行き来する近隣数」の項目においても有意な差として表われていた（表8-11参照）。

第8章
〈都市的なるもの〉を規定する要因　167

表8-12　中四国調査における都市別の居住形態　(単位：％)

	持ち家	借家	公営・公社公団	アパート・マンション	社宅・寮	その他
広島市	63.9	4.1	5.3	14.2	10.7	1.8
岡山市	70.6	10.3	3.9	4.4	8.3	2.5
松山市	76.2	7.6	1.9	9.0	5.2	0.0
宇和島市	70.6	15.9	4.2	4.2	4.2	0.9
西条市	88.6	4.2	2.3	1.9	2.3	0.8
全体	75.1	8.4	3.4	6.2	5.8	1.1

注：$p<0.005$。

　さらに興味深いのは，マンション居住者の近隣関係が希薄であるという傾向は，松山のような地方都市でも，東京や大阪の近郊都市においても共通して妥当していたという事実である。すなわちマンション居住者は，どの都市に住んでいても，近隣関係を積極的に展開しない傾向があるといえるのである。

　この事実に着目してみると，都市度と近隣関係の関連に関して新たな仮説的見解を提起することが可能となる。それは，「都市ほど近隣関係が希薄なのは，都市ほどマンション居住者が多いからである」という見解である。すなわち，「4都市居住類型別調査」で都市別に近隣関係の実態に差が出なかったのは，居住類型別に比較したからであり，ランダムサンプリング調査による比較をすれば都市ほどマンション居住者が多いぶん，近隣関係が希薄になるのではという解釈である。

　表8-12は，ランダムサンプリングで行った中四国調査の都市別居住形態の分布である。地方都市においてはマンションに居住する者の比率はきわめて低い現状がある。松山市では回答者のわずか9％しかマンション居住者がいなかったのである（人口100万を超える広島市でも14.2％と低い数字であった）。これらの数字は，持ち

表 8-13-1　西宮市・松山市における居住形態別世帯構成

	西宮市			松山市		
	総数	持家	借家	総数	持家	借家
総　数	155,640 (100) (100%)	72,590 (46.6%)	77,060 (49.5%)	175,810 (100) (100%)	85,440 (48.6%)	88,220 (50.2%)
一戸建	49,450 (31.8) (100%)	45,420 (91.9%)	3,630 (7.3%)	99,840 (56.8) (100%)	80,710 (80.8%)	18,770 (18.9%)
長　屋	7,830 (5.0) (100%)	3,510 (44.8%)	4,140 (52.9%)	3,010 (1.7) (100%)	560 (18.6%)	2,310 (76.7%)
共同住宅	97,860 (62.9) (100%)	23,390 (23.9%)	69,060 (70.6%)	71,890 (40.9) (100%)	3,320 (4.6%)	66,930 (93.1%)
その他	500 (0.3)	280	220	1,080 (0.6)	850	220

出典：総務庁統計局『住宅・土地統計調査報告　平成10年』日本統計協会，2000年より作成。

家のカテゴリーに分譲マンションも含まれてしまっているという可能性も否定できないため，統計データーを参考してみることにした。

　表8-13は，1998年の住宅土地統計調査から作成した居住類型別の世帯構成の実態である。この表に示されるように，松山市で40.9％であった共同住宅世帯の比率は，西宮市62.9％・八王子市54.4％・武蔵野市74.3％と他都市のほうが圧倒的に高くなっているのである。こうした居住類型別の構成比率，特にマンション居住者の比率の実態が，都市度と近隣関係の関連を考察するうえで大きな影響をもっていると考えることができるのである。

　以上，ウェーバーやワースが指摘していた「都市ほど近隣関係が希薄である」という見解を実証的に検証しようとする作業を進めてきたが，現状では「必ずしもその見解が妥当していない」という結果を提示するにとどまっている。今回の実証的検証で明らかになったのは，「地方都市松山市と大阪近郊の西宮市，東京近郊の八王子市・武蔵野市を比較して，松山市で近隣関係が密であるという特徴

表 8 - 13 - 2　八王子市・武蔵野市における居住形態別世帯構成

	八王子市			武蔵野市		
	総数	持家	借家	総数	持家	借家
総　　数	187,520 (100) (100%)	89,700 (47.8%)	93,580 (49.9%)	6,0470 (100) (100%)	20,550 (34.0%)	37,750 (62.4%)
一戸建	80,860 (43.1) (100%)	72,520 (89.7%)	8,000 (9.9%)	1,3860 (22.9) (100%)	12,740 (91.9%)	1,010 (7.3%)
長　　屋	5,170 (2.8) (100%)	1,240 (24.0%)	3,670 (71.0%)	1,480 (2.5) (100%)	650 (43.9%)	820 (55.4%)
共同住宅	101,290 (54.4) (100%)	15,850 (15.7%)	81,810 (80.3%)	4,4940 (74.3) (100%)	7,040 (15.7%)	35,870 (79.8%)
その他	190 (0.1)	90	100	180 (0.3)	130	60

出典：総務庁統計局『住宅・土地統計調査報告　平成10年』日本統計協会，2000年より作成。

はみられなかった」という事実だけである。またこの結果の解釈としては，

(1)「松山より人口規模の小さいたとえば10万以下の都市と比較すれば差が出る可能性がある」

(2)「居住類型別比較で差が出なくても，マンション居住者の全体に占める比率の差を考慮すると都市別の差が出る可能性がある」

という2つの仮説的見解を提示することができたということである。

〈都市的なるもの〉を規定している要因については，〈都市人口規模〉や〈居住類型〉ばかりでなく，松本康が指摘するような住民の〈移動履歴〉等さまざまな要因が考えられる。今後はそうした規定要因に関して実証的に検証できるような調査設計を考えていくことが，都市社会学にとってきわめて重要な研究課題だと考えられる。

第 9 章　都市の定義と〈都市的なるもの〉

1　「都市の定義」課題の出発点

　私は「都市社会学」の最初の講義の時間に，学生に，宿題として「あなたが考える独創的な〈都市〉の定義を創ってください」という課題を毎年与えることにしてきた。ユニークで独創的な定義がベターであるとすると，学生はいろいろな定義を創ってくる。それらをプリントに整理し，過去の傑作集と同時に学生に配布する。結構手間のかかる作業ではあるが，学生が都市について素朴な疑問をもつきっかけとなるという教育上の効果が高いので毎年おこなってきた。この課題を通して，私が学生に理解してもらいたかったことは，「都市を定義することが非常に難しいということ」と「多くの人が〈都市的なるもの〉を実感していること」という2つの事実であった。

　最初にこの課題を出したのは，1993年松山大学「地域社会論」の受講生に対してであった。そのときに提出された松山大学生たちの〈都市の定義集〉にとてもユニークな傑作が多かったことが，この課題を毎年の恒例企画にさせてきた端緒となったのである。

> 松山大学生が提起した都市の定義（1993年「地域社会論」受講生）
> 「急行も普通も同じ料金であるところ」「自動改札機が多いところ」

「ラフォーレ原宿○○(松山・小倉)などないところ」
「ケーブルテレビがないところ」
「夜になっても明るいところ・ネオン・夜景がきれい」
「運賃・物価・地価が高いところ」
「タクシーの基本料金の高い所・タクシーのメーターが早くあがるところ」
「外人が多い」「外車が多い」「芸能人が多い(騒がない)ところ」
「犯罪が多いところ」
「レゲェ・おかまさんなど変った人・個性的な人が多いところ」
「よそ者が多く土着民(=生まれてからずっとそこに住んでいる人)が少ないところ」
「『幸福の科学』の会員がたくさんいるところ」
「公民館を知らない人が多いところ」
「学校の運動場が狭いところ」「小さい頃から塾に通う人が多いところ」
「老人がおしゃれにしているところ」
「これといった銘菓や民芸品のないところ」
「選挙で無投票当選がないところ」「歩くスピードがはやいところ」
「足の長い人(若者の)が多いところ」
「まちに買物にでても知合いに会うことが少ないところ」
「同時に何人かの異性とつきあっていてもばれずに過ごせるところ」
「うわさの広まり具合がおそいところ」「親密な近所づきあいがない」
「冷たい人間関係・お互い干渉しないところ」
「自民党支持率が高くないところ=権力にいかに協力的か」
「権威主義的な人が少ないところ」
「巨人ファン(田舎者の)比率が低いところ」
「県立高校をあがめたてまつらないところ」
「身内でかたまらず進歩的な考えをもっている人を受け入れることができるところ」

上記は，松山大学生が創作した「都市の定義」の傑作を整理したものである。一般に人が都市の定義を考える場合，自分の生まれ育った場所や現在生活している場所と比較して「都市」を考える傾向がある。巻末の傑作撰にもよくみられる「〜が多いところ」といった数量的な定義は，そうした〈準拠枠〉としての場所と比較して考え出された定義といえるのである。その意味からすると，松山大学生の場合は松山社会を〈準拠枠〉として都市の定義を考え，その定義の背後には松山社会のリアリティが映し出されていると考えることが可能である。

　JRが主要な交通機関であり，街の中心に「どこか東京に媚びうるような」〈ラフォーレ原宿松山〉や〈東京第一ホテル松山〉といった機関があり，〈坊っちゃん団子〉や〈一六タルト〉といった銘菓が存在する松山社会リアリティが松山大学生の定義の背景には読み取れるのである。特に興味深いのは，現代の学生が「まちに買物にでても知合いに会うことが少ないところ」「同時に何人かの異性とつきあっていてもばれずに過ごせるところ」「うわさの広まり具合がおそいところ」といった定義を提起していることが，夏目漱石が小説『坊っちゃん』の中で松山社会を象徴的に描いていた特徴と同じであるという事実である。

夏目漱石（1906『坊っちゃん』）松山社会と匿名性

「その晩は久しぶりに蕎麦を食ったので，うまかったから天麩羅を四杯平らげた。翌日何の気もなく教場へはいると，黒板いっぱいぐらいな大きな字で，天麩羅先生と書いてある。
（中略）1時間あるくと見物する町もないような狭い都に住んで，ほかになんにも芸がないから，天麩羅事件を日露戦争のように触れちらかすんだろう。（中略）4日目の晩に住田というところに行って団子

> を食った。（中略）今度は生徒にも会わなかったから，だれも知るまいと思って，翌日学校に行って一時間目の教場へ入ると団子二皿七銭と書いてある」

　東京出身である漱石や坊っちゃんにとって，松山社会の匿名性のなさは，まさに切実な問題だったのであり，東京に存在していた「匿名性」は，まさに都市的特徴として重要な意味をもつことを示唆していたのである。

　また，松山社会のリアリティを象徴的に示し，都市的特徴の対極的にある特徴を示していた定義としては，「県立高校をあがめたてまつらないところ」「身内でかたまらず進歩的な考えをもっている人を受け入れることができるところ」という定義を挙げることができる。

　松山では，漱石が赴任した旧制松山中学校であった松山東高校を頂点として松山南・松山北・松山西高校の県立高校へ入学することが，とても重要な問題関心となっている。松山東高校へ入学するために中学生が浪人さえする実態が存在しているのである。こうした県立高校やナンバースクール崇拝といった現象は，都市ではあまりみられない対極的な特徴といえるだろう（この点については本章4節で詳細に検討したい）。

　また，私自身松山に10年間生活した実感では，「身内でかたまらず進歩的な考えをもっている人を受け入れることができるところ」という定義に象徴される「よそ者」に対する閉鎖性は，松山社会のリアリティを的確に表現していたと思われるのである。

　こうした松山大学生が提起した定義の中から〈松山的なるもの〉を抽出し，その対極の特徴を考察していくことは，〈都市的なるもの〉を明確化していくひとつの有力な方法と考えられる。

2　「都市の定義」傑作撰の特徴

　「都市を定義してください」というこの課題は，その後，私が1994年に赴任した桃山学院大学「都市社会学」の講義，1997年に赴任した関西学院大学「都市社会学A」の講義でも毎回実施することになり，定義集は量的にも質的にも充実していくことになる。1993年以降14年間で，海外留学期間を除く12年度，3大学，のべ16講義で，都市の定義課題を実施してきた。それらはすべて私立大学の講義科目であったため，毎年100人から500人の学生が受講する大規模講義であった。巻末に示したように，4294名が登録ではなく期末試験を実際受験したという数字を考えると，最低でも4000人以上の大学生が，都市の定義課題に取り組んできた計算になるのである。

　毎年学生から提出された定義の中から，過去に提起されてこなかった定義でかつユニークな定義だけを重複を避けながら年度ごとに整理し，傑作集として蓄積していった。巻末の傑作撰は，年度ごとに整理していた傑作集を，KJ法的に分類し再構成したものである。具体的には，〈機関系〉〈物系〉〈交通系〉〈イベント・サービス系〉〈色・風景・動植物系〉〈人間の特徴系〉〈人間の行動系〉〈人間関係系〉〈その他〉〈比喩的定義〉という項目として整理した。

　巻末に掲載している過去12年度分の「都市の定義」傑作撰は，あくまで学生という限られたデータではあるが，人間がイメージしている〈都市的なるもの〉とは何なのかを考えることができるたいへん貴重な資料として位置づけることができるだろう。

（1）どんな特徴が定義として数多く提起されたのか？

① 結節機関が集中しているという特徴：最頻出定義としての「コンビニエンスストア」

巻末の「都市の定義」傑作撰は，そもそも重複を避けて作成されてきたため，学生が考えたユニークな定義の多様性については網羅的に把握することは可能であるが，どの定義が最も多く提起されてきたかといった量的実態が把握できない整理となってしまっている。この点は，本来の目的であった網羅性を重視した整理方法の限界で，仕方のないことといえる。量的実態については，すべての学生の定義を整理してきた私の経験を述べるしかないというのが実情である。これまでの整理過程で，最も数多く提出された定義は，「コンビニエンスストア」に関連する定義であったということを，明白な事実として指摘することが可能である。

> 都市とは「コンビニエンスストアが多くあるところ」である

この定義は，過去に提出された定義の中で最も数が多く，毎年必ずといっていいほど提起されてきた定義である。西日本の学生を対象としているので，〈ローソン〉と具体的に書く学生も数多く存在した。また「コンビニに駐車場がないところ」「24時間営業のコンビニがあるところ」「どの家からも半径300メートル以内にコンビニがあるところ」といったコンビニに関連する定義を含めると毎年相当な量の定義が提起されてきたのである。

続いて，マクドナルド・スターバックス・HMV・TSUTAYA等，やはり学生が日常的に利用する店舗が定義の中に数多く登場してきていた。こうした店舗は，まさに，鈴木栄太郎が都市の定義の重要な部分として指摘した〈社会的交流の結節機関〉と位置づけて整理

することが可能であろう。上記以外に都市の定義として学生から提起された結節機関としては次のようなものがあった。

> 〈結節機関〉
> ダイエー・大手銀行の支店・「むじんくん」・デパート・カプセルホテル・巨大企業の支店・旧帝大・ドーム球場・英会話教室・駅前に大手予備校・カルチャースクール・市内を一望できるタワー・安いカラオケ屋・風俗店・インターネット喫茶・携帯電話ショップ・エスニック料理店・シネコン

　これらは，学生が都市をイメージする場合に，自分の日常生活行動を考えながら定義を考えているという実態を示唆している。ただこの点を考慮するなら，巻末の「都市の定義」傑作撰は，あくまで学生の視点であり，社会人，高齢者，主婦といった人々の視点とは異なるということを常に念頭に置いてみていくことが重要であると考えられる。

　②　交通機関が発達しているという特徴

　数多く提起された定義という観点からは，「公共交通機関が充実しているところ」という定義を象徴的に挙げることができるだろう。

> 〈交通機関に関する定義〉
> 「電車が複線であるところ」「特急が止まるところ」
> 「色々な路線が集中している駅があるところ」
> 「電車の1区間が非常に短いところ」「地下にも交通網があるところ」
> 「徒歩で駅に行けるところ」「バスの運賃が均一料金のところ」
> 「終電，終バスが遅い時間まであるところ」
> 「駅周辺がにぎやかで，タクシーの客待ちの列がたくさん並んでいるところ」
> 「車線が2車線以上あり，頻繁に車線変更しなければならないところ」

前頁の定義は，すべて都市において「交通機関が発達している」という事実に関連した定義と位置づけられる。電車・バス・タクシー・道路等さまざまな交通機関が定義として登場してくるが，特に多かったのは電車に関する記述であった。JRばかりでなく多くの私鉄や地下鉄が張り巡らされ，混んではいるがとても便利だというイメージが，都市の定義を考える際に，多くの学生の頭の中に浮かんでくるのであろう。

③　人口規模・密度・異質性が高いことから派生する特徴

　巻末の「都市の定義」傑作撰をよく分析してみると，「～が多い」という表現を使った定義が数多く存在することに気がつくだろう。これらは，直接的表現ではないものの，その多くが都市に人口が多いことから派生した特徴と位置づけることが可能である。

〈人口規模に関する定義〉
「信号の数が多いところ」「駅の改札口がたくさんあるところ」
「多くの本数の列車が走り，1編成についても10輛以上つないでいるところ」
「電車で座れないところ」「自販機が多いところ」
「何をするにも行列に並ばなければならないところ」
「ゴミの排出量が多くその種類が多様であるところ」
「電気使用量の多いところ」「郵便ポストの定期的回収が多いところ」
「5階建て以上の市役所を持っているところ」

〈人口密度に関する定義〉
「自分の半径3メートル以内に人が5人以上いるところ」
「痴漢が多いところ」「建物が横に広いのではなく縦に長いところ」
「3階建て住宅が多いところ」
「一戸建て居住者よりもマンション居住者の方が多いところ」
「『あなたは何階に住んでいますか？』という質問をして，答えの平均が2Fよりも高くなるところ」

> 「その地域の駐車場の半数以上が立体であるところ」
>
> 〈人口の異質性に関する定義〉
> 「外人が多いところ」「ホームレス,浮浪者,ダンボールハウスが多いところ」
> 「レゲェ,おかまさんなど変った人,個性的な人が多いところ」
> 「いろんな地方から来た人たちで形成されるところ」
> 「よそ者が多く土着民(=生まれてからずっとそこに住んでいる人)が少ないところ」
> 「バックグラウンドを異にする人々が出入りし,多様な価値観や情報が交錯することで新たな文化が発信されていく交差点的な空間」

　上記の定義は,いずれも人口規模や密度や異質性という表現が直接使われているわけではないが,人口要素から派生した定義と位置づけられる。これらはまさにワースがアーバニズム論で指摘した,独立変数としての都市的要素を象徴しているといえるのである。

(2) 意外に少なかった都市の定義の特徴

　逆に都市の定義の中で提起されることが少なかったのは,〈農業に関連した定義〉であった。巻末の傑作撰の中で特筆できるのは,「農業」「農村」という言葉がまったく登場してこなかったという事実である。

> 〈農業に関連した定義〉
> 「〈野菜　袋百円〉の無人百円市が無いところ」
> 「野菜等の値段が高く,家庭用品や薬などが安いところ」
> 「おばあちゃんの腰がまがりにくい」
> 「軽トラックが少ないところ」

　上記のように,農業に関連すると思われる定義がなかったわけで

はないが，その数は4つときわめて少ないものだった。それは，2000年の国勢調査で，就業者人口の4.5％まで少なくなってしまった農業人口と密接に関連していると考えられる。現代の学生にとって農業はまったく身近でないものであり，〈都市〉の対概念として〈農村〉を位置づけるという発想が，学生にはまったく存在していなかったという事実は注目すべきであろう。

そのことと対照的だったのは，〈新しいもの〉と〈古いもの〉という対比から〈都市的なるもの〉を位置づけるという発想が多かったという点である。

〈新しいもの〉
「マイナスイオン関連商品に興味を示し，買う人が多いのが都会」
「公衆便所の手洗い場のウォッシャー液が泡で出てくるところ」
「手で押す自動ドアの前でためらう人が少ないところ」
「防犯設備がコンピュータによって管理されているところ」
「今現在ジュースの自販機が120円にきちんとなっているところ」
〈古いもの〉
「蚊取り線香の看板がないところ」
「赤い公衆電話が一つも無いところ」
「青年団を見かけないところ」

巻末の傑作撰の中で特徴的だったもうひとつの点は，〈都市のマイナス面〉の指摘が意外と少なかったという特徴であった。

〈都市のマイナス面〉の指摘
「何をするにも行列に並ばなければならないところ」
「人が車を追い越せるところ＝渋滞が多いところ」
「原付で半日走ると顔が黒くなってしまうところ」
「ストレスや心の病を持った人が多いところ」

> 「精神的な病気にかかる要素をたくさん抱えているところ」
> 「犯罪が多いところ」
> 「中毒が渦巻く世界（ストレスからくるヘビースモーカーの現象など）」
> 「親密な近所づきあいがないところ」
> 「隣近所の人の顔，名前を知らないところ」
> 「隣の家の人がいつ引っ越してきたか，どんな家族構成なのかわからないところ」
> 「冷たい人間関係・お互い干渉しないところ」
> 「エスカレーターで片側をあけないと舌打ちされるところ」
> 「バスから降りる時『ありがとう』を言わない（だから前乗りのバスは都会的・つめたい）」
> 「人々を時間で縛るところ」「『禁止』が多いところ」

　上記の定義は，巻末の傑作撰の中から都市に対して否定的評価をしていた定義を整理してみたものである。ワースの都市のマイナス面の評価を考えると，否定的評価が少なかったという結果は意外な結果ともいえる。この現象を理解するためには，やはり巻末の傑作撰が大学生によって作成されたものであるという事実に注目する必要があると考えられる。大学生は，若者であり，活動的であり，どちらかといえば勝ち組である。それらは，都市に適応しやすいカテゴリーと位置づけて考えることが可能である。そのことが，都市のマイナス面の指摘が少なかった事実と関係していたと考えられる。その意味からは，巻末の傑作撰が，偏った側面があるという事実は再認識する必要があるだろう。

（3）これまでの都市理論が表現されていた学生の定義
　巻末の「都市の定義」傑作撰には，本書の1章から6章までにま

とめてきた従来の都市理論を表現した定義が随所に登場している。

　第1節でどのような特徴が数多く定義として提起されたかを整理した場合でも，鈴木栄太郎の結節機関説，交通的位置を重視する地理学の議論，ワースのアーバニズム論といったこれまでの都市理論を反映していたと考えられていた。ここでは，そうした，学生の提起した定義がこれまでの都市理論とどのように関連しているかという観点から，学生の傑作撰を再検討してみよう

　以下は，ワースの「生活様式としてのアーバニズム」という論文の中で指摘されている都市的特徴の表現と合致する「学生の定義」を整理してみたものである。

ワースのアーバニズム論で指摘されている特徴と学生の定義

〈標識や規則に関する学生の定義〉

　「信号の数が多いところ」

　「道路は一方通行が多く，『○○方面→』というように矢印に従って行動するパターンが多くなるところ」

　「『禁止』が多いところ」「建物の中に，禁煙マークが多いところ」

　「ビルなどの建物の外壁に時間・気温などの掲示板があるところ」

　「電車のアナウンスや駅員が不親切な（時間がきたら客が走っていても閉める）ところ」

ワースの公的統制の指摘

　「感情的・情緒的紐帯を欠如している諸個人の密居生活や労働は，競争，勢力強化，相互搾取などの精神を高揚させる。無責任や潜在的な無秩序を除去するためには，公的な統制にうったえることになる。予定された日常の仕事をしっかりと守らなければ，大密居社会はほとんど維持できないだろう。時計と交通標識は，都市的世界における社会秩序の基礎の象徴である」

〈物理的近接と社会的疎遠に関する学生の定義〉

　「他人との距離が近すぎることにより，他人との人間関係に距離を

> 求めているところ」
> 「人々に物的距離がなく精神的距離がある離婚寸前の夫婦のようなもの」
> 「目はこえるが，目が悪くなるところ」
> **ワースの物理的近接と社会的疎遠の指摘**
> 「おびただしい人間の物理的接触は，われわれが都市的環境とりわけわれわれの仲間に対してそれを通して適応するところの媒体の変化を生む。典型的には物理的接触は親近であるが，社会的接触は疎遠である。都市的世界では視覚的認識が発達している」

このように学生の創った定義には，一見無関係なようでいて，これまでの都市理論を反映した定義となっている場合がとても多かったのである。なにげなく創作された学生の定義が，ワースが都市的特徴として指摘した公的統制，時計，交通標識，物理的近接と社会的疎遠といった表現そのものになっている点は興味深い事実である。

巻末の傑作撰には，表現が同じというレベルにとどまらず，都市理論そのものの考え方を示している定義も存在している。

以下の学生の定義は，倉沢進が都市的生活様式論として提起した〈専門処理システム〉という議論を的確に表現しているものと位置づけることが可能である。

> **〈専門処理システム〉に関連する学生の定義**
> 「『そうじ』を仕事とする人が多いところ」
> 「お葬式などお手伝いにいかないところ」「専門店が多いところ」
> 「女性を対象にした店（エステ・宝飾）が多いところ」
> 「エスニック料理店があるところ」「よろずやさんがないところ」
> 「道，水道，ガス，電気がそこに住む人によってではなく他の誰かによって便の良いようにきちんと整備されているところ」

> **倉沢進（1984）都市的生活様式論**
> 都市の機能的定義「非専門家・住民の相互扶助システムによる共通・共同問題の共同処理という原則に代えて，専門家・専門機関による専業的・分業的な処理—専門処理システムによる処理を原則とする」

　倉沢進は，都市化の進展とともに生活の社会化と生活問題の専門処理が進んでいくという側面を捉え，都市的生活様式論を展開した。すなわち村落においては，水（井戸）・食料などの生活資料の自給自足性が比較的高いのに対して，都市ではそれらの自家処理は困難で社会的共同を必要とするという側面に着目した理論であった。すなわち都市では，相互扶助共同処理ではなく，専門家や専門機関による専業的・分業的な処理がおこなわれるという生活様式を特徴づけた理論でもあったのである。上記の学生の定義は，まさに倉沢理論を具体的に述べた定義と考えることが可能である。

> **学生の都市の定義と都市理論**
> 「隣近所の人の顔，名前を知らないところ」
> 　　　　　　　　　　　　　ウェーバー（1921）　都市の社会学的定義
> 「人と直接コミュニケーションをかわすことが少ないところ（メール・携帯電話を使う）」
> 　　　　　　　　　　　ソローキン・ジンマーマン（1929）　間接的接触
> 「平日の昼間でもスーツを着たサラリーマンがたくさん電車に乗っているところ」
> 　　　　　　　　　　　鈴木栄太郎（1957）　正常人口の正常生活の理論
> 「すべてにおいて〈選択〉できるところ」
> 　　　　　　　　　　　　　　　フィッシャー（1982）　選択的ネットワーク
> 「消費の文化のうえに成り立ち，たえず新しいものが生み出されるところ」

> カステル（1975）　消費空間としての都市
> 「人間関係も用途別に使い分けるコンビニ感覚の有るところ」
> 　　　　　　　　　　　　メイヤー（1963）　単一送信型ネットワーク
> 「都市とは新しい文化や習慣が生み出される場所である」
> 　　　　　マンフォード（1938）シュペングラー（1918）　都市の文化創造性

　上記は，倉沢理論以外に，これまでの都市理論でいわれてきた特徴と合致する学生の定義を整理したものである。このように，なにげなく作成された定義ではあるが都市の本質を捉えた定義が数多く存在しているのである。その意味からも，巻末に整理された学生の傑作撰は，単に面白いだけではなく〈都市的なるもの〉を考察していくうえで，貴重な資料と位置づけられるのである。

3　学生自身による「都市の定義」傑作撰の評価

　学生たちは，巻末の「都市の定義」傑作撰をどのように評価しているのだろうか？　毎年自分の定義を提出した後に，その年分の傑作と過去の傑作集を整理してプリントとして配布しているが，配布後の感想では，「自分の創造力のなさを実感した」という率直な意見が出されるのが毎年の恒例になっている。課題を出すときに，「独創的で」「おもしろく」「センスのある」定義を創ってくださいと言われた意味が，プリントの傑作集によって実感できるからであろう。たしかに，12年度，3大学，延べ16講義，およそ4300人にもおよぶ学生たちの中から選りすぐられた傑作撰は，とてもユニークで独創的なものであり，それ自体がとてもおもしろい作品となっている。

　そうした作品を評価してもらうレポートを，2006年度関西学院大

学「都市社会学A」の受講生に対して実施した。
　具体的な課題内容は，
　　　①「都市というものを最も的確に表現していると思う定義」
　　　②「あなたのこれまでの経験から最も共感できた定義」
　　　③「あなたが最も傑作（独創的だ・ユニークだ）と思う定義」
を過去の傑作集の中から1ずつの選出してもらい，その選定理由を200字程度で論述する。
　　　④「都市の定義」についてあなたが考えたことを800字程度で
　　　　論述する。
というレポートであった。
　以下の表は，①から③の課題に対して，レポート提出者102名中，4人以上に支持された定義とそれを選択した代表的な理由を整理したものである。これらの表を使って，学生が「都市の定義」傑作撰をどのように評価していたのを整理してみよう。

（1）都市を最も的確に表現している定義
　まず，①「都市というものを最も的確に表現している定義」という規準では，「すべてにおいて〈選択〉できるところ」という定義が，9人の学生から支持され最も多かった。この定義は，フィッシャーが下位文化理論の中で「都市的ということは，より選択的であるということである」と指摘し，都市的ネットワークの特徴を選択性（selectivity）・選択的（more selective）という観点で捉えていた事実を，学生も同様に支持したという結果となっている。

都市というものを最も的確に表現していると思う定義
（4人以上が選んだ定義）
9人　「すべてにおいて〈選択〉できるところ」

> ［都市では，どこで買い物をするのか，どのような仕事・働き方をするのか，また人間関係においても誰と付き合っていくのかは自由である。つまり，生活におけるすべてのことが選択できる。かつ人がどのような生活をしていようとも，世間ではそれほどお互いを干渉し合わない。一方田舎では，店や職業など選択肢が狭く，ある一定の地域のなかではお互いをよく見知っているので，世間の目が気になりやすい。（宝塚市出身　3年女性）］

4人　「ほしいものを手に入れるのにかかる時間が短いところ」

> ［都市を定義する際に，様々な視点があり，どれが的確であるか定めるのは困難だと思う。しかし自分が日常頻繁に感じる「不足」という面から考えるとするならば，やはり物質的な側面について言及せざるを得ない。つまり，日用品がほぼ全国均一に普及している今，自らの趣味におけるニーズにいかに迅速に対応できるかが都市を定義する際の基準において妥当ではないかと考える。そしてこのようにして考えると，都市とは人々のニーズに迅速に対応できるように，その物質的な「量」よりもむしろその「多様さ」において特徴的なものではないかと考えられる。（静岡市出身　4年男）］

4人　「路線図が複雑なところ」

> ［都市圏でびっくりしたのは電車が山ほどありその上さらにさまざまな交通手段を選び放題（バス，私鉄各線など）であること。大阪でもおののいていたのだが，東京ではさらにだった。友人が「東京は梅田が100個ある!!」と興奮気味に語っていたことがあったが，身をもって実感した。路線が複雑すぎて道に迷い，余計に時間がかかったこともあった。電車もよくぶつからないなぁと思うほどの間隔でホームにやってくる。田舎にはない都市ならではの状況だ。（長崎市出身　4年女性）］

4人　「夜になっても明るいところ・ネオン・夜景がきれいなところ」

> ［明かりというのは，都市かそうでないかを見分ける際に重要なキーワードの1つであると思う。明かりが夜になってたくさんついているというのは，世帯が多いことにつながるであろうし，人々が集まっているという事にもつながると思う。実際，夜景をみたときに，田舎と都会を比べてみると，明るさは全然異なっているので明かりは都市かそうでないかを見分ける重要なキーワードであると思う。（尼崎市出身　0年男性）］

　続いて多かったのが，「ほしいものを手に入れるのにかかる時間が短いところ」「路線図が複雑なところ」「夜になっても明るいところ・ネオン・夜景がきれい」（各4人ずつ）という定義であった。

これらは，結節機関が多く，交通が発達し，人口が多いという都市の特徴から派生している定義と位置づけられるが，より普遍的な都市の特性を示唆していると考えることも可能である。すなわち，前２つの定義（「ほしいものを手に入れるのにかかる時間が短いところ」「路線図が複雑なところ」）は，都市の〈利便性〉を表わしたものとして，また後ろ２つの定義（「路線図が複雑なところ」「夜になっても明るいところ・ネオン・夜景がきれいなところ」）は，都市の〈集積性〉を表わした定義と整理することも可能だろう。その意味からは，都市的特徴から派生する〈都市の普遍的特性〉として〈選択性〉〈利便性〉〈集積性〉を有しているという特性を位置づけることができると考えられる。

（２）これまでの経験で最も共感できた定義

あなたのこれまでの経験から最も共感できた定義
（４人以上が選んだ定義）

４人 「県立高校をあがめたてまつらないところ」

[自分の住んでいるところ（田舎）が国公立偏重の意識が強いと感じるからです。地元では中学受験という言葉をきいたことがない生徒が多くいました。高校受験をするときでも，第一志望は公立の高校で，第二志望で私立の高校を受験するといった形でした。大学受験ではもっと極端で「私立受験は考えてはいけない」という風潮で国立大学以外の志望は，どんな名門大学であっても許されませんでした。（兵庫県稲美町出身　３年男性）]

４人 「バイトの時給の相場がやたら高いところ」

[私が"地方"から関西へやって来て一人暮らしを始めてから，最初に受けたカルチャーショック的なものであった為。田舎に比べて物価が高いからか，時給は平均して150円以上高い印象を受けた。また，これは自分一人だけの印象ではなく，同じく"地方"出身の友人に尋ねたところ，同様の見解であったことからも，経験上共感できた。（大分市出身　２年男性）]

②「あなたのこれまでの経験から最も共感できた定義」という規準で挙げられた定義は，多くの人が共通して挙げた定義が少なく，個人によって多様であったのが特徴だった。そんな中で，「県立高校をあがめたてまつらないところ」「バイトの時給の相場がやたら高いところ」という定義が，特に地方出身者を中心として数が集中した結果となっていた。これらの定義は，地方出身者の多くが大都市圏に出てきて生活をする中で，率直に実感する特徴と考えられるだろう。

（3）傑作だと思う定義
③「あなたが最も傑作（独創的だ・ユニークだ）と思う定義」という観点からは，どちらかというと比喩的定義や語調等を重視したキャッチコピー的定義が多く挙げられていた。最も学生から傑作と支持されたのは「都市とは〈かたゆで卵のきみ〉のようなものである（いろいろな機能がある＝栄養がある・詰まっている・殺伐として乾いている＝パサパサ）」という定義だった。この定義は，都市のプラス面とマイナス面を卵にたとえたユニークな定義として多くの学生の支持を得ていた。続いて「5分でハゲが見つかるところ」「お盆よりクリスマスを重視するところ」「都市には生きる基盤がある。田舎には生きる知恵がある」「びっくり箱」といった定義がつづいていたが，これらはあくまで2006年時点で20歳前後の若者の琴線に触れた比喩的表現と位置づけることができるだろう。

あなたが最も傑作（独創的だ・ユニークだ）と思う定義
（4人以上が選んだ定義）

7人 「都市とは〈かたゆで卵のきみ〉のようなものである（いろいろな機能がある＝栄養がある・詰まっている・殺伐として乾いている＝パサパ

サ）」

[この定義は「ゆで卵の黄身」という都市とは全く結びつかないものにたとえており，その発想が独創的で面白いと思ったから。都市のことを考えていて，「かたゆで卵の黄身」が浮かぶ人はなかなかいないだろう。しかも，たった一言の中に私たちがよくイメージする都市の特徴（店や医療機関など生活するうえで欠かせない機能が整っているという良い面と人間関係が希薄で殺伐としているという悪い面）が見事に表されていて感心するばかりである。ユーモアに溢れた傑作といえる。（京都市出身　4年女性）]

6人　「5分でハゲが見つかるところ」

[5分でハゲが見つかるということは，サラリーマンが多いということを表していて良い意味で頑張っている中年男性がいるということだと思います。そのことを5分でハゲが見つかるという表現をしているのは，とても斬新でよく都会にいる人々を見ているなと思いました。しかしながら，田舎にハゲている人がいないというわけではありません。ただ都会にいる中年男性のほうが疲れやストレスなどによってハゲてきている人が多いのだと思います。（神戸市出身　3年男性）]

4人　「お盆よりクリスマスを重視するところ」

[確かに自分にも言われてみれば身に覚えがあったからです。母の実家の田舎では，クリスマスの時期にいっても，むしろ大掃除やお正月の用意に気を配っていた覚えがあります。しかしお盆の時期に行くと，うちだけではなく周りの人も必ずお墓に行ったりしていました。重視する行事すら，田舎と都市で違ってきているという事を教えられ，また，その着目点が良かったと思いました。（明石市出身　1年女性）]

4人　「都市には生きる基盤がある。田舎には生きる知恵がある」

[CMに出てくるキャッチコピーのようでおもしろい。語調もよくて印象的である。その上，内容も的確に判断している。「生きる基盤」は経済的豊かさ，就職先が多い，物がたくさんある，生産的，などの都市の特徴がうかがえる。「生きる知恵」は土地に古くから伝わる伝統とそれが現代にも続いていること，消費社会ではなく物を大事にする文化を感じさせる。双方ともによく特徴を捉えていてそれをうまく表現している。目の付け所がおもしろいと思った。（尼崎市出身　2年女性）]

4人　「びっくり箱」

[もっとも短い言葉，一言で表現されていて印象に残った。私が中学生の頃，友達と始めて梅田に遊びに行ったときの事を思い出した。派手なファッションで着飾る若者，急いで歩くサラリーマン，ストリートライブ，昼間から路

> 上に寝そべるホームレス……。初めて見る景色に強烈な刺激を受けた。それはびっくり箱を開けたときのような驚きだった。(伊丹市出身　3年男性)]

4　なぜ都市では県立高校があがめたてまつられないのか

(1) 県立高校の偏差値認知度

　最も学生に共感を得ていた「県立高校をあがめたてまつらない」という都市の定義は，実際のところ本当の事実なのだろうか？　もし本当だとするとこの事実はどのような〈都市的なるもの〉を意味しているのだろうか？

　こうした疑問を検討するために，2003年度に松山大学，関西学院大学，桃山学院大学，日本大学，慶應義塾大学の5大学で次のような調査を実施してみた。各大学で，どの程度，県立高校の偏差値状況を把握しているかについて，実態調査をしたものである。協力いただいたのは各大学の「社会調査」講義科目の受講生であり，2006年度には関西学院大学と関西大学の受講生にも同じ調査を実施した。これらの調査結果をもとに，「都市では本当に県立高校をあがめたてまつらないのか」について考察してみよう。

その調査で，各大学の受講生に聞いた質問は以下の4問である。

> ①松山市において，いわゆる「偏差値」がもっとも高い高校は次のどれだと思いますか。
> 　　1．松山東高校　2．松山西高校　3．松山南高校
> 　　4．松山北高校
> ②神戸第3学区において，いわゆる「偏差値」がもっとも高い高校は次のどれだと思いますか。
> 　　1．長田高校　2．市立須磨高校　3．舞子高校
> 　　4．星陵高校

③大阪府第8学区において，いわゆる「偏差値」がもっとも高い高校は次のどれだと思いますか。
　1．鳳高校　2．三国ヶ丘高校　3．泉陽高校
　4．高石高校
④東京旧第1学区において，いわゆる「偏差値」がもっとも高い高校は次のどれだと思いますか。
　1．一橋高校　2．三田高校　3．日比谷高校
　4．田園調布高校

　表9-1は，松山市において「偏差値」が高いと思う高校を問うた質問の回答結果を整理したものである。松山大学生では，なんと86.4％もの学生が，正解である松山東高校を回答していた。学生の中には県外出身者もいるという事実を考慮すると，ほとんどすべての学生が松山の高校偏差値情報を知っているという実態が想定できる数字である。それに対して近畿地方の大学では，松山東高校より松山北高校のほうが偏差値が高いと思っている学生が多いのが実態である。この数字は，松山出身学生にとっては，とってもショックな数字であるという感想はよく聞く話である。こうした事実こそが，「県立高校をあがめたてまつらないところ」という都市の定義が地方出身者から提起され，多くの学生に共感されている背景となっているのである。

　表9-2は，関西学院大学の地元に近い神戸第3学区の認知状況の結果である。関西学院大学生の57.8％が正解の長田高校を回答していた。注目できるのは，同じ近畿地方の大学である桃山学院大学と関西大学において，正解ではない星陵高校を回答した学生が最も多かったという事実であろう。このことは，大阪出身の学生にとって，同じ近畿の神戸の高校実態をほとんど知っていないという事実

表9-1 松山市において「偏差値」がもっとも高いと思う高校

(単位:%)

	松山東	松山西	松山南	松山北	N.A.	合 計
関西学院（2003）	28.0	19.0	14.6	34.0	3.7	100.0 (268)
桃山学院（2003）	22.7	26.8	7.2	37.1	6.2	100.0 (97)
松山大学（2003）	86.4	2.0	3.4	8.2	0.0	100.0 (147)
日本大学（2003）	35.2	20.0	12.4	22.9	9.5	100.0 (105)
慶應義塾（2003）	41.7	19.4	19.4	5.6	13.9	100.0 (36)
関西学院（2006）	31.5	18.5	7.4	29.6	13.0	100.0 (108)
関西大学（2006）	20.8	23.8	11.9	41.1	2.5	100.0 (202)

注：( ) 内は回答者数。

表9-2 神戸第3学区において「偏差値」がもっとも高いと思う高校

(単位:%)

	長 田	市立須磨	舞 子	星 陵	N.A.	合 計
関西学院（2003）	57.8	8.6	4.5	26.1	3.0	100.0 (268)
桃山学院（2003）	19.6	18.6	6.2	50.5	5.2	100.0 (97)
松山大学（2003）	26.5	32.7	10.2	29.9	0.7	100.0 (147)
日本大学（2003）	14.3	31.4	12.4	35.2	6.7	100.0 (105)
慶應義塾（2003）	30.6	13.9	8.3	33.3	13.9	100.0 (36)
関西学院（2006）	54.6	5.6	1.9	27.8	10.2	100.0 (108)
関西大学（2006）	33.2	14.4	3.5	47.5	1.5	100.0 (202)

表9-3 大阪府第8学区において「偏差値」がもっとも高いと思う高校

(単位:%)

	鳳	三国ヶ丘	泉 陽	高 石	N.A.	合 計
関西学院（2003）	16.4	56.7	20.1	3.7	3.0	100.0 (268)
桃山学院（2003）	20.6	56.7	11.3	8.2	3.1	100.0 (97)
松山大学（2003）	31.7	10.9	11.5	12.2	0.7	100.0 (147)
日本大学（2003）	31.1	10.5	39.0	12.4	6.7	100.0 (105)
慶應義塾（2003）	25.0	11.1	41.7	8.3	13.9	100.0 (36)
関西学院（2006）	13.9	47.2	17.6	8.3	13.0	100.0 (108)
関西大学（2006）	27.2	40.6	25.2	6.4	0.5	100.0 (202)

を反映した結果として読み取ることが可能である。

表9-3は，桃山学院大学のお膝元の南大阪の第8学区の結果で

表 9-4 東京旧第 1 学区において「偏差値」がもっとも高いと思う高校

(単位：％)

	一 橋	三 田	日比谷	田園調布	N. A.	合 計
関西学院 (2003)	51.5	9.3	27.2	9.7	2.2	100.0 (268)
桃山学院 (2003)	67.0	5.2	12.4	12.4	3.1	100.0 (97)
松山大学 (2003)	68.7	5.4	15.6	9.5	0.7	100.0 (147)
日本大学 (2003)	38.1	4.8	47.6	6.7	2.9	100.0 (105)
慶應義塾 (2003)	22.2	11.1	61.1	2.8	2.8	100.0 (36)
関西学院 (2006)	44.4	4.6	30.6	8.3	12.0	100.0 (108)
関西大学 (2006)	64.4	6.4	18.8	8.4	2.0	100.0 (202)

ある。ここでも地元の桃山学院大学生の過半数（56.7％）が正解である三国ヶ丘高校を回答していた。神戸の状況と異なるのは，大阪の高校偏差値情報は，他のすべての近畿地方の大学生に共有されているという事実であろう。ただ近畿地方ではよく知られた三国ヶ丘高校であっても，関東や松山ではまったく知名度は低く，慶應義塾大学・日本大学・松山大学では，間違った泉陽高校を回答した学生が最も多かったのが象徴的であった。

　表 9-4 は，東京の高校の実態を調査した結果である。東京では，日比谷高校は旧制東京第一中学としてとても有名な存在である。そのことは，慶應義塾大学生の61.1％，日本大学生の47.6％が正解の日比谷高校を回答していたことに示されているといえる。しかし天下の東京第一中学であっても，やはり近畿地方や松山の大学では，まったく認知されていないのが実態である。興味深いのは，東京以外の大学生たちが，圧倒的に一橋高校を回答していた点である。おそらく，一橋大学から連想する言葉のひびきに影響を受けて判断したことが予想されるのである。

　以上の結果は，県（都・府）立高校の偏差値状況というものは，全国で共有された情報ではなく，異なる大都市圏にいけばほとんど

意味をなさないというのが普通の状態なのである。

　県立高校の偏差値認知度調査で判明した事実は，第7章で〈都市的状況〉として言及した「学生を集めている範囲」（たとえば松山大学においては，愛媛県内という狭い範囲から多くの学生を集めているといった事実）と密接に関連していることはいうまでもない事実である。ただ松山と大都市圏で，地元高校の偏差値状況を認知している者の比率の数字が大きく異なっていた事実（松山＝約9割，大都市圏＝約6割弱）は，9割近い学生が地元高校の偏差値を認知していた状況だったものが，大都市圏では，多くて6割弱であったという数字の違いは，「大都市圏では県立高校をあがめたてまつっていないこと」を傍証していたと考えることが可能である。

（2）平準化のメカニズム

　それでは，どうして大都市圏では県立高校をあがめたてまつらなくなるのだろうか？　その原因や結果について考察していくことによって，〈都市的なるもの〉の内実を考えてみたい。具体的には，関西学院大学生の事例をもとに，巻末の「都市の定義」傑作撰で示されている〈都市的特徴〉を関連させながら考察していきたい。

「県立高校をあがめたてまつらない」原因に関連した学生の都市の定義

「簡単に県境を越えることができるところ」
「すべてにおいて『選択』できるところ」
「小さい頃から塾に通う人が多いところ」
「中学受験をする生徒が多いところ」
「いろんな地域の人が行き来して，文化が交じり合っているところ」
「バックグラウンドを異にする人々が出入りし，多様な価値観や情報が交錯することで新たな文化が発信されていく交差点的な空間」

上記は，巻末の定義撰の中から大都市圏で県立高校をあがめたてまつらなくなる原因と考えられる定義を抜き出してみたものである。これらは，大都市圏大学生の実態をうまく表現しているものであり，これから述べる関西学院大学の事例と密接に関連していると考えられる。

　兵庫県西宮市に立地する関西学院大学は，兵庫県・大阪府を中心に近畿地方全域から学生が集まってくる。第7章で説明した〈都市的状況〉の実態は，桃山学院大学の場合とほとんど変わらないと考えていいだろう。
　まず高校の選択肢の状況について，阪神間の学生を念頭において整理してみよう。阪神間の学生にとって，高校の選択肢はたくさんある。中学受験をして，有名私立中学・高校（灘・甲陽学院等）に進む選択，中・高・大一貫教育に価値を見出して大学附属校（関西学院・関大一高等）に進学する選択，一貫した女子教育に価値をおき学校（たとえば小林聖心女子・神戸女学院等）を選択する等，じつに多様な選択肢があるのである。公立学校に進学した場合でも，神戸市や大阪府のように高校受験がきびしく学区によって偏差値序列が明確な地区もあれば，西宮市や宝塚市のように総合選抜を採用していて偏差値序列が明確でない地区も共存しているのである。
　こうした多様な高校の受験事情は，阪神間の高校だけでなく，大阪府，京都府，奈良県，滋賀県，さらには愛媛県の県立高校の事情も含めて全学生の事情を網羅しようとすれば，無数のケースが存在することになるのである。
　実際のところ，西宮出身の学生が，身近である神戸市の高校事情についてさえ，ほとんど知らないというのが実情であった。神戸市

は3学区に分かれ,長田・神戸・兵庫高校がそれぞれ学区内のトップ校となっているが,長田高校がどの程度なのか(神戸市内での順位,大阪の府立高校〔三国ヶ丘等〕との比較,他の私立高校と比較)を判断することなど西宮出身者であってもとても困難なことといえるのである。このような状況の中では,「私は松山東高校出身だ」とか「長田高校はすばらしい」とか「三国ヶ丘高校はよくできる」といった会話をすること自体,意味のないことにさせているのである。

すなわち,多様な選択肢や価値観が交錯することによって,〈県立高校をあがめたてまつる〉こと自体,あまり意味のないことになってきてしまっているのである。

それは松山における,松山東高校の存在とは対照的である。松山社会にとって松山東高校は,ブランドであるとともに時には権威にまでなる存在である。すなわち本人の実力(実質合理的な基準)よりも,松山第一中学出身者であるということ(形式合理的な基準)が重視されることが松山社会ではしばしば存在するのである。こうした状況は,選択肢が少なく,多様な価値観が交錯しない社会において典型的にみられる現象と考えられるのである。

それに対して大都市圏では,松山東高校クラスの高校は事実として多数存在し,地域内ではブランドとなっていても,全体的に考えると結局は平準化されてしまい,あまり話題にものぼらなくなっているのである。

この過程こそが,「大都市において県立高校をあがめたてまつらなくなる」実質的過程であり,私が〈平準化のメカニズム〉と呼び,〈都市的なるもの〉の内実と位置づけたい過程なのである。都市において,形式合理的基準より,より実質合理的基準が重視され実力

主義社会となっていく仕組みをうまく表現した過程と位置づけられるのである。

平準化のメカニズムは，都市ではさまざまな場面で登場してくると考えられる。以下の，学生の都市の定義も，都市の〈平準化のメカニズム〉を，考えさせられる定義と位置づけることが可能である。

> 「結婚式で地味婚（普通）なのが都市，派手婚（花嫁の家具をくくりつけたトラックの上からお菓子のお楽しみパックを四方八方に投げて，その下でおばさん，おばあさんがギャーギャー言いながらそれを奪い合っている）のが田舎」

この定義を創作した学生の田舎では，派手な嫁入りの風習が存在していたのであろう。都市化があまり進展していなかった時代では通婚圏も狭く，同じ地域出身者同士の結婚も多く，その地域で派手な結婚の風習があれば，何の疑いもなくその風習は維持継続されてきたのである。ただ，移動も激しく多様な地域出身者同士の結婚組み合わせが多くなる大都市では，風習の異なる結婚形態がぶつかり合うことによって，平準化され，新たな結婚形態（たとえば地味婚）が形成されていくことになるのである。こうした結婚における異文化のぶつかり合いの過程にも，まさに都市の〈平準化のメカニズム〉が存在していると考えることが可能なのである。

平準化のメカニズムは，第6章で私が問題提起した，下位文化理論の不十分であった点と密接に関連している。それは，フィッシャーが都市で非通念性が生み出される過程を説明した際に，集団間摩擦が強調され個人間摩擦の説明が欠落していた点である。平準化のメカニズムは，基本的に異なった個人がぶつかり合うことによって，

突出した部分が平準化されていくという過程を重視したものであり，個人間摩擦の集積が想定されているのである。

都市において通念的なものを打破していくという非通念性を発生させたり，都市では権威主義的なしがらみから開放されたり，都市に自由な雰囲気があるのも，都市の選択肢の多さ，基準の多元化によって〈平準化のメカニズム〉が作用するからと考えられる。

しかし，〈平準化のメカニズム〉が，必ずしもいい側面ばかりではない点も指摘しておく必要があるだろう。それは，実力主義が，ある面では都市の冷淡さとも密接に関連していることを想定してみるとわかりやすい。また，地域の風習は，少々無駄な面があったとしても文化として保存することも重要な意味があることを考えれば理解できるであろう。

しかし〈平準化のメカニズム〉が都市の本質的側面としての〈都市の文化創造性〉と密接に関係していることは事実であり，その面からは〈都市的なるもの〉を象徴していると位置づけることが可能だろう。

5 〈都市的なるもの〉の多様性と実証社会学への指針

以上本章では，学生が創った「都市の定義」を整理する形で，〈都市的なるもの〉について検討を加えてきた。過去12年度にわたって学生から提起されてきた巻末の傑作撰の中には，都市に関するさまざまなレベルの特徴が提示されていた。そうした特徴を〈整理〉〈統合〉〈普遍化〉することによって，人間が共通してもっている〈都市的なるもの〉の全体像について考察することが可能になると思われる。ここでは第Ⅲ部で考察してきた内容も加味して，〈都

市的なるもの〉の内実について仮説的見解をまとめてみることにしたい。

- 人は［都市的現象］を〈人口規模・密度・異質性の増大〉〈交通の発達〉〈結節機関の集中〉という点で位置づけ，その［都市的現象］自体に〈都市的なるもの〉を感じている。
- 人は［都市的現象］によって引き起こされる［都市的特徴］（人間の行動や考え方，生活様式，人間関係，社会の状態等に関する特徴）に対して〈都市的なるもの〉を感じている。
- さまざまな［都市的特徴］は，それぞれが因果関係にあったり，相互に影響を与えていたりして，複雑に関係しあっている。またそれらが組み合わさることによって〈利便性〉〈選択性〉〈集積性〉といった［都市の普遍的特性］ともいえるレベルの〈都市的なるもの〉が形成されている。
- 人間関係に関する［都市的特徴］（匿名性・0からの出発・単一送信ネットワーク・相互不干渉等）は，考え方レベルでの［都市の普遍的特性］（〈個人主義〉〈実力主義〉〈脱権威主義〉）を形成していくとともに，都市全体レベルで［都市的効果］としての〈多様な価値観の融合〉〈平準化のメカニズム〉〈悲通念性〉〈文化創造性〉を生み出していく。

こうした［都市的現象］［都市的特徴］［都市の普遍的特性］［都市的効果］のすべてが複雑に絡み合って，広義の〈都市的なるもの〉を作り上げていると考えることが可能である。逆にいえば，都市現実の中には，さまざまなレベルの〈都市的なるもの〉が存在し，多くの人がそれらを実感しながら都市生活を営んでいるのである。

さらに，都市現実の中に多様なレベルの〈都市的なるもの〉が存在しているという事実とともに，〈都市的なるもの〉の実感され方にも多様性があるという事実についても注目する必要があるだろう。
 第一に指摘できるのは，同じ都市現実に対しても，異なる評価を下す場合があるという事実である。下表は，巻末の定義撰の中で，同じような都市現実に対して，〈プラス面〉〈マイナス面〉という対照的な捉え方をしている定義を整理してみたものである。「物価が高い」と「給料が高い」，「冷たい人間関係」と「匿名性がある」という評価は，同じ都市現実に対する〈プラス面〉と〈マイナス面〉からの評価と位置づけることが可能である。下表で数多くの対比を例示できるという事実は，〈都市的なるもの〉というものが，必ず〈プラス面〉と〈マイナス面〉の2つの側面をもっているということを示唆していると考えられる。そうした意味からは，これまでの都市社会学の既存研究で，多く指摘されてきた〈マイナス面〉の都市現実について，〈プラス面〉の側面から再検討していくということも今後の重要な研究課題と位置づけられる。

都市現実の〈マイナス〉〈プラス〉両側面

〈マイナス面〉	〈プラス面〉
「運賃・物価・地価が高い」	「バイトの時給の相場がやたら高い」
「ストレスや心の病を持った人が多い」	「個性的な人が多い」
「何をするにも行列に並ばなければならない」	「賞味期限がきれかけているポテトチップを売っていない」
「犯罪が多い」	「ボランティアなどの活動が多い」
「人が車を追い越せるところ＝渋滞が多い」	「終電・終バスが遅い時間まである」
「年寄りが住みにくい」	「若者が集まる場所」

「冷たい人間関係・お互い干渉しない」	「個人に対する注目度が低く匿名性がある」
「他人に無関心な人が多い」	「一人で食事をしていても変に思われない」
「住んでいる人々にかかりつけの医者がいない」	「すべてにおいて『選択』できる」
「親密な近所づきあいがない」	「身内でかたまらず進歩的な考えをもっている人を受け入れることができる」
「人と直接コミュニケーションをかわすことが少ない」	「『うわさ』の広まり具合がおそい」
「お葬式などで，お手伝いにいかない」	「人間関係も用途別に使い分けるコンビニ感覚が有る」

　また第二に注目すべきなのは，個人の諸属性等によって〈都市的なるもの〉の実感のされ方が異なっているという事実である。上記の対照的な定義の中の「年寄りが住みにくい」と「若者が集まる場所」との対比に象徴されるように，年齢によって〈都市的なるもの〉の評価は異なっていると考えられる。その事実は，男性と女性，都市出身者と農村出身者，友人が多い人と少ない人，といったように個人の諸属性ばかりでなく，個人のおかれた状況や個人のネットワークによっても異なってくると考えられる。こうした視点は第8章でも言及したように〈都市的なるもの〉を規定している要因と非常に関連した問題でもある。本章で検討した，学生の「都市の定義」から帰納した〈都市的なるもの〉の全体像については，多様な属性やネットワーク等の観点から再検証作業を進めていくことも重要な課題となるだろう。

以上第Ⅲ部では，今後，都市社会学のひとつの重要な研究領域となっていくであろう「〈都市的なるもの〉の社会学」の具体的イメージや方向性について問題提起してきた。第7章では，分析において〈独立変数〉と位置づけられる変数として，〈都市度〉だけでなく〈都市的状況〉という分析枠組みも可能性をもっているという点，第8章では，〈都市的なるもの〉を規定している要因として，人口という要素だけにしぼってしまうことの危険性について，第9章では，分析において〈従属変数〉として位置づけられる〈都市的なるもの〉の全体像を解明するために人間の都市認識に着目するという研究方法の可能性，といった研究の方向性を問題提起してきた。

　現段階でそれらは，あくまでも方向性を示した程度のもので，具体的かつ体系的な都市理論とはなっていないといえるだろう。ただ，本書で提示した方向で，実証的調査研究を企画していくことは可能である。

　そうした〈都市的なるもの〉を解明するための実証的調査研究を蓄積していくことが，都市社会学という学問にとってきわめて重要なことであり，都市理論を構築していくうえでの必要不可欠な道であると私は考えている。

あ と が き

　本書を書き終えて痛切に思ったことは、「研究に終わりはない」ということであった。そのことは同時に、自分の専門に関して、ある時点で単著としてまとめることがとても難しい仕事であることを痛感したということでもあった。「締切りがないと論文が書けない」ということは、論文を書くたびに感じてきたことであったが、本を出版することは、また格別であると今回再認識させられた。

　前著『現代都市住民のパーソナル・ネットワーク』(ミネルヴァ書房、1995年) は、日本で実施したネットワーク調査をアメリカとの比較の視点から分析したものであり、今回のように都市社会学全般を扱ったものではなかった。また博士論文でもあったので、提出期限があったことも、本としてまとめられた要因であったのかもしれない。

　前著以降、『社会調査へのアプローチ』(1999年)、『これでいいのか市民意識調査』(2002年)、『問題意識と社会学研究』(2004年)、『社会調査へのアプローチ (第2版)』(2005年) と社会調査関連の共著や編著は出版してきたのであるが、都市社会学に関する本は、前著以降12年にわたって出版することができなかった。社会調査士制度の立ち上げという大事業があったとはいえ、最近では私の専門を社会調査論と思っている学生が多くなってしまったのが実情である。都市社会学を講義して20年目を迎える2003年の年頭に、「私の専門は都市社会学である」という思いから、本書の出版を決意したのであるが、それからでも4年が経過してしまったのが現実であった。

　本書は、基本的に私が担当した「都市社会学A」の講義ノートをベースに

書き下ろしたものである。講義ノート自体，毎年よりよいものにしていこうと，新たに研究業績を調べたり，調査研究で明らかになった知見を取り入れたり，昨年度の学生の感想を取り入れて修正したりしてきた。その意味で，昔の講義ノートに比べると内容的には，年々充実してきたことは事実である。しかし，出版物として実際に執筆を始めてみると，各章毎に，まだやることがあるという思いがわきあがってきてしまうのである。とにかく手を入れだすときりがないのである。本書を書き終えた今でも，その思いは強く，本書は中間報告だと思ってしまうのが実情である。それでも本書をまとめることができたのは，受講生に提出してもらってきた「都市の定義」課題の蓄積に後押しされたからだと考えている。

今回，「都市の定義」課題に参加した学生数を把握するために，受講生数を調べてみた（保管してあった過去の期末試験の受験者数を受講生と位置づけた。この数字は，途中で受講しなくなる学生や形式的に受講だけする学生が排除されるので登録者数よりは少ないが，実際に講義を受講した学生数に近いといえる）。巻末の傑作撰に受講生数は示してあるが，「都市の定義」課題を実施した講義だけを取り上げても，12年度　16講義　4294人の学生が受講していたのである。その他に毎年，受講生数の多い「社会調査論A」の講義，隔年で「都市社会学B」の講義を担当していたことを考えると，私の講義を受講した学生がとてつもなく多いことに改めて驚きを感じているところである。

私自身，大学の教員の仕事の中でも「講義」を最も重要な仕事，研究・教育の原点と位置づけ，講義に取り組んできた。それは，最新の研究動向や調査研究によって発見した知見を学生に知らせる重要な機会であり，学生の質問や反応によってこれまでの研究成果を再検討することができる重要な機会であると考えてきたからである。過去23年間，学会等の公務出張以外で講義を休講したことが一度もないという事実は，私が講義に真摯に取り組んできた一端を示すことと自負している。

特に「都市社会学」という講義課目は，社会調査関連の講義課目と異なり「必修科目」でも「社会調査士認定科目」でもないため，受講生数も比較的少なく興味のある学生が受講してくる傾向があった。そうした受講生が真剣に「都市」とは何かを考えてくれてきたことが，本書の原型をなしているとも考えられるのである。特に，以下に象徴される学生が提出してくれる講義に対する感想は，学生に講義内容が伝わっているか不安に思ってきた私を，いつもいろいろな点で励ましてくれてきたのである。
　　「この講義を通じて学んだことは大きいです。今下宿をしているのですが，高校時代は自分が通っている高校名でとても悩みました。いわゆる『県立高校』というものの異様なプレッシャーに何度も苦しみ悩み続けました。今，とても自由を感じて大学生活を送っています。大学ではなぜ高校の時のような感情にならなくてすんでいるのか不思議に思っていました。そしてこの講義を通して，その仕組みがわかったような気がします。そして，きちんと自分の地元のことも整理がついて，今は大好きになり，卒業後は帰ろうと思っています。新しい知見を得ることで，今までわからなかったこと，苦しかったことから解放されました。この講義を取って本当によかったです。執筆頑張ってください」（2006年度「都市社会学A」関西学院大学3年生）
　本書はそうした意味で，これまでの4294人の受講生の貢献によって出版することができたともいえるだろう。ある意味で共著者ともいえる過去の受講生に，本書をぜひ読んでもらいたいと今は考えている。
　講義とは「義を講ずる」と書く，しかし講義の感想を学生に書いてもらうときに，多くの学生がよく間違えるのが「講議」という誤字である。しかし，その誤字を見るたびに，誤字とは思えないとこれまでずっと考えてきた。自分の講義を振り返ってみると，その内容は「いろいろな議論を整理して講じている」ものであり，まさに「講議」そのものといえたからである。特に，大学教

員になりたての頃は，先学者が整理した議論をそのまま伝えていたのが実情であった。それは，23年を経過した現在でも，結局同じなのかも知れないとも思ってしまう。本書でどこまで自分なりの考えを示せているのかについては，読者の評価にゆだねたいと思う。

　今は，私のつたない「講議」につきあってくれた過去の受講生に，謝罪とともに感謝したいという気持ちを強く感じている。それと同時に，今後も，本書の考えをベースに，自分の考え方や見方を提示できるよう努力していき，「講議」から「講義」へと進化できるよう精進していきたいと決意している次第である。

　最後に，23年間休講をしないですんだ健康な体に生んでくれた両親（父は22年前に亡くなったが），日々の健康管理だけでなく本書にもあらゆる点で社会学的コメントをしてくれた妻美奈に特に感謝したいと思う。本書を作成している最中に，実母と義父が病に倒れ九死に一生を得る出来事があった。その出来事が本書を完成させなければならないと強く後押ししてくれたことも確かな事実であった。実母の健康と義父の回復に本書が役立てば幸いである。

　出版にあたっては，ミネルヴァ書房出版企画部の戸田隆之氏に大変お世話になった。戸田氏には『社会調査へのアプローチ（第2版）』以来，いろいろお世話になってきた。2007年の秋学期に出版できるように，私に執筆を後押しし，いろいろな点で的確なコメントをしていただいた仕事ぶりには，〈編集者のプロの技〉として感服している。出版を快諾いただいた杉田啓三社長ともに，両氏にこの場をお借りしてお礼を申し述べたいと思う。

2007年8月31日
　　　シカゴ大・ミシガン大への調査旅行の前日，最終校正を終えて

　　　　　　　　　　　　　　　　　　　　　　　　　　大 谷 信 介

|巻末資料| 学生が創った「都市の定義」傑作撰

課　題:「あなたが考える独創的な『都市』の定義を創ってください」

〈「都市の定義」課題を実施した講義一覧〉（12年度　16講義　総受講生＝4294）
　　関西学院大学社会学部「都市社会学A」
　　　　　　　　　　　　2006(151)・2004(128)・2003(211)・2001(115)・
　　　　　　　　　　　　2000(193)・1999(352)・1998(194)・1997年度(306)
　　　　　　　　　「都市社会学B」2005年度（ 83)
　　桃山学院大学社会学部「都市社会学」
　　　　　　　　　　　　2001(525)・2000(334)・1999(482)・1998(410)・
　　　　　　　　　　　　1996(342)・1995年度(366)
　　　　　　　　　　　　　　　　　　　　　　1994年度(326)は実施せず
　　松山大学人文学部社会学科「地域社会論」　1993年度(102)
　　　　　　　　　＊（　）内の受講生数は，登録数ではなく期末試験受験者数とした。

〈機関系の定義〉
　＊コンビニエンスストアがあるところ（松山93）
　＊ローソンがあるところ（松山93）
　＊どの家からも半径300メートル以内にコンビニがあるところ（桃山99）
　＊コンビニに駐車場がないところ（関学04）
　＊24時間営業のコンビニがあるところ（関学05）
　＊マクドナルドがあるところ（桃山95）
　＊スタバがいっぱいあるところ（関学04）
　＊HMV，タワーレコード，ヴァージンレコードのうち2つはあるところ（関学00）
　＊ファーストフード＋TSUTAYA＋スターバックスがあるところ（関学00）
　＊ダイエーがあるところ（桃山95）
　＊「この服は○○で買った」と胸を張って言えるデパート等が存在するところ（関学00）
　＊大手銀行の支店があるところ（桃山98）
　＊「むじんくん」があるところ（桃山98）

＊巨大企業の支店があるところ（関学99）
＊旧帝大があるところ（関学99）
＊駅前に大手予備校があるところ（関学99）
＊英会話教室のあるところ（関学00）
＊カルチャースクールが多いところ（関学99）
＊カプセルホテルがあるところ（桃山98）
＊映画館の数が多く，大手配給元以外の映画をやっているところ（関学99）
＊シネコンがあるところ（関学05）
＊風俗店が多いところ（桃山01）
＊安いカラオケ屋があるところ（関学01）
＊インターネット喫茶があるところ（関学04）
＊携帯電話ショップがたくさんあるところ（関学04）
＊ドーム球場のあるところ（桃山99）
＊市内を一望できるタワーがあるところ（関学00）
＊専門店が多いところ（桃山95）
＊女性を対象にした店（エステ・宝飾）が多いところ（桃山99）
＊エスニック料理店があるところ（関学04）
＊5階建て以上の市役所を持っているところ（関学99）
＊公衆トイレが多いところ＝トイレの近い人が住みよい町（関学99）
＊ラフォーレ原宿○○（松山・小倉）などないところ（松山93）
＊よろずやさんがないところ（関学98）
＊パチンコ屋が少ないところ（桃山98）
＊薬局がやけに少ないところ（関学04）

〈物系の定義〉
＊踏切がないところ（桃山00）
＊蚊取り線香の看板がないところ（桃山00）
＊かわら屋根の家が少ないところ（桃山99）
＊軒に干し柿を見かけないところ（関学99）
＊赤い公衆電話が一つも無いところ（桃山98）
＊バキュームカーをほとんど目にしないところ（下水道普及率が高い）（桃山98）
＊ケーブルテレビがないところ（松山93）
＊平屋が（ない），極端に数の少ないところ（関学98）

巻末資料
学生が創った「都市の定義」傑作撰　211

　＊軽トラックが少ないところ（桃山98）
　＊家族一人当たりの車の所有台数が少ないところ（桃山98）
　＊外車が多いところ（松山93）
　＊浄水器が多くあるところ（桃山95）
　＊自販機が多いところ（歩いて5分以内には自動販売機がある）（桃山01）
　＊今現在ジュースの自販機が120円にきちんとなっているところ（桃山98）
　＊街灯が多いところ（桃山01）
　＊ななめの横断歩道があるところ（桃山99）
　＊歩行者用の信号に残りの待ち時間が表示されるところ（桃山98）
　＊動く歩道があるところ（関学04）
　＊3階建て住宅が多いところ（桃山98）
　＊建物が横に広いのではなく，縦に長いところ（関学04）
　＊学校より大きい建造物があるところ（関学99）
　＊外から鏡のように見えるが中からは普通の窓ガラスに見える窓の建物が多いところ（桃山98）
　＊防犯設備がコンピュータによって管理されているところ（関学03）
　＊親切な看板がないところ（田舎には「トビ出し注意」とか手作りの看板がいっぱいある）（関学04）
　＊ビルなどの建物の外壁に時間・気温などの掲示板があるところ（関学04）
　＊道路の周辺に「ゴミはくず箱へ…」のカンバンが立つくらい人の行き来があるところ（桃山99）
　＊目印になるものがあちこちに点在しているところ（例：タクシーに乗って，「〜公園の近くで〜会社のとなり」のような説明が可能なところ）（関学99）

〈交通系の定義〉
　＊電車が複線であるところ（関学04）
　＊特急が止まるところ（関学04）
　＊急行も普通も同じ料金であるところ（松山93）
　＊同じ駅名の駅が2つあるところ（明石・宝塚）（関学01）
　＊色々な路線が集中している駅があるところ（関学06）
　＊駅の改札口がたくさんあるところ（桃山98）
　＊自動改札機が多いところ（松山93）
　＊電車の1区間が非常に短いところ（桃山98）

＊多くの本数の列車が走り，1編成についても10輛以上つないでいるところ（関学03）
＊電車で座れないところ（関学06）
＊手動で開けなければならないドアのついたディーゼル列車が走っていないところ（桃山98）
＊都市とは電車代をぼったくられることのない世界である。ぼったくられている三田は田舎である（JR新三田―320円―宝塚―320円―大阪，新三田―740円―大阪）（関学03）
＊公共交通機関が充実しているところ（関学06）
＊交通網が発展していて，自家用車を持つ割合が低いところ（関学06）
＊バスの運賃が均一料金のところ（桃山01）
＊バスが時間どおり走っていないところ（桃山00）
＊終電・終バスが遅い時間まであるところ（関学04）
＊ひとつのバス停に止まるバスの数が多い（1時間に10本以上）ところ（桃山00）
＊道路は一方通行が多くなるし，「〇〇方面→」というように矢印に従って行動するパターンが多くなるところ（桃山99）
＊片道4車線以上の道路があるところ（関学04）
＊車線が2車線以上あり，頻繁に車線変更しなければならないところ（関学99）
＊高速道路が黒字のところ（桃山95）
＊人が車を追い越せるところ＝渋滞が多いところ（関学99）
＊信号の数が多いところ（桃山99）
＊信号が夜でも点滅しないところ（桃山95）
＊安心して信号無視できるのが田舎，信号無視できないのが都会（関学03）
＊地下にも交通網があるところ（関学04）
＊雨の日でも道を選べば目的地まで大体ぬれずに行くことができるところ（桃山98）
＊交通の便がよく，ショッピングセンターなどの施設が豊富にあり，人が必然的に集まりやすいところ（関学06）
＊路線図が複雑なところ（関学04）
＊徒歩で駅に行けるところ（関学04）
＊駅周辺がにぎやかで，タクシーの客待ちの列がたくさん並んでいるところ（関学99）
＊タクシーの基本料金の高い所・タクシーのメーターが早くあがるところ（松山93）

〈イベント・サービス系の定義〉
* 成人式を成人の日におこなうところ（関学00）
* お盆よりクリスマスを重視するところ（関学98）
* 結婚式で地味婚（普通）なのが都市，派手婚（花嫁の家具をくくりつけたトラックの上からお菓子のお楽しみパックを四方八方に投げて，その下でおばさん，おばあさんがギャーギャー言いながらそれを奪い合っている）のが田舎（関学98）
* ティッシュが配付されるところ（桃山95）
* 無料配布物（試供品）の質が高いところ（関学99）
* これといった銘菓や民芸品のないところ（松山93）
* スーパーに輸入物のお菓子の種類が多いところ（関学04）
* 賞味期限がきれかけているポテトチップを売っていないところ（関学98）
* 生活必需品以外に娯楽性を含んだ品物が簡単に手に入るところ（関学99）
* ほしいものを手に入れるのにかかる時間が短いところ（桃山95）
* 都市ガスが通っているところ（関学99）
* 道・水道・ガス・電気が，そこに住む人によってではなく他の誰かによって，便の良いようにきちんと整備されているところ（関学04）
* 夕刊があるところ（関学98）
* 号外の新聞が配られるところ（関学00）
* 雑誌・書籍の発売日が遅れない，はやいところ（和歌山の学生）（桃山95）
* 電車の中吊り広告に週刊誌の広告が出ているところ（地方の電車には週刊誌の広告がない）（関学04）
* 携帯の電波が家の中でも届くところ（桃山00）
* 携帯電話の最新機種が比較的早く普及するところ（桃山01）
* FOMAが通じるところ（関学04）
* 民放のチャンネルが多い地域（関学04）
* テレビが深夜遅くまでやっているところ（関学04）
* テレビの「一部地域を除いて」に含まれないところ（桃山95）
* 新聞の折込広告が多いところ（桃山98）
* 郵便ポストの定期的回収が多いところ（桃山98）
* entertainmentを楽しむことができるところ（関学03）
* プロ野球チームがあるところ（関学03）
* 5時のサイレンがならないところ（関学04）
* 公園のトイレがきれいなところ（関学04）

＊公衆便所の手洗い場のウォッシャー液が泡で出てくるところ（関学03）
＊老人ホームがあり，常に順番待ちがあるところ（関学04）
＊住んでいる人々にかかりつけの医者がいないところ（桃山99）
＊バイトの時給の相場がやたら高いところ（桃山98）

〈色・風景・動植物系定義〉
＊街の中にグレーが多ければ多いほど都市（茶と緑が田舎）（関学00）
＊自動車の色が多様な（白以外が多い）ところ（関学00）
＊電車の色が豊富なところ（関学04）
＊原色が多く使われる場所（桃山95）
＊都市とは人工的で無機質である（関学05）
＊白・シルバー・シースルーな建物が立ち並んでいる街（関学04）
＊土のないところ（関学06）
＊本来の地球的要素（空・太陽・月・山・川・虫・動物などの自然，人と人との助け合い）がないところ（関学04）
＊夜になっても明るい（ネオン・夜景がきれいな）ところ（松山93）
＊人口密度が高く，夜になった時に遠くから見て光がたくさんあるところ（関学04）
＊車の前照灯を上向きにしなくても視界が確保できるところ（関学98）
＊かげが多いところ（桃山01）
＊昼夜の区別がつかない街（関学04）
＊人工物がたくさんあり，空の範囲が小さくみえるところ（関学04）
＊山が見えないところ（桃山01）
＊決まった場所から見える景色が一定である（季節ごとに変わらない）ところ（関学00）
＊さまざまなにおいがするところ（関学01）
＊原付で半日走ると顔が黒くなってしまうところ（関学04）
＊道を歩いていて「けもの」にでくわさないところ（桃山98）
＊ハトが多いところ（桃山00）
＊カラスが多いところ（桃山98）
＊蟻が少ないところ（桃山98）
＊虫が小さいところ（桃山99）
＊カエルが鳴かないところ（桃山01）
＊道路にゴキブリが存在するところ（関学04）

*昼は人間，夜は巨大ねずみが活動するところ（関学04）
*秋になってもキンモクセイのにおいがしないところ（関学06）
*タンポポが在来種（大阪なら関西タンポポ）より西洋タンポポの方が多いところ（桃山98）
*観葉植物が多いところ（桃山98）
*細めの木ばかりが植えられているところ（桃山99）
*わざとらしく道路のわきに桜（柳）が植えられているところ（関学99）
*ガーデニングされた庭があるところ（本来，共に存在するはずのないモノ達がさもそれが理想形であるかのように見映えよく詰め込まれている）（関学04）
*アスファルトを割って草が生えないところ（関学04）

〈人間の特徴系〉
*外人が多いところ（松山93）
*芸能人が多い（騒がない）ところ（松山93）
*足の細い人が多いところ（関学99）
*足の長い人（若者の）が多いところ（松山93）
*美人な女性がいっぱいいるところ（関学04）
*おじいちゃんの顔の表情が硬いところ（関学01）
*おばあちゃんの腰がまがりにくいところ（関学04）
*早口な人が多いところ（桃山99）
*歩くスピードがはやいところ（松山93）
*パソコン好きな人が多いところ（桃山99）
*オタクが多く存在するところ（関学04）
*ナルシストが多いところ（桃山98）
*ひきこもりの存在するところ（関学03）
*色とりどりの髪が歩いているところ（桃山98）
*5分でハゲが見つかるところ（桃山01）
*路上にすわりこんでギターをひいている若者がいるところ（桃山00）
*レゲェ・おかまさんなど変わった人・個性的な人が多いところ（松山93）
*「いまだにキティちゃんサンダル・金髪・ジャージの人」がいないところ（関学04）
*あやしいティッシュ配りがいるところ（関学03）
*コギャルが多いところ（桃山95）
*ガン黒・厚底がいるところ（桃山00）

＊女子高生のルーズソックス率が高いところ（桃山98）
＊女の人の靴のヒールが高いところ（関学01）
＊若い女性のメイクが薄いところ（関学04）
＊住んでいる人々の「すっぴんの顔」が似てないところ（桃山99）
＊「金欲」が強い人の集まり（関学04）
＊「一山あててやろう」的ハングリー精神を持ち合わせた人が多く集まっているところ（関学00）
＊ストレスや心の病を持った人が多いところ（関学05）
＊中毒が渦巻く世界（ストレスからくるヘビースモーカーの現象など）（関学04）
＊花粉症の人が多いところ（関学01）
＊メガネをかけた子供（大人も）が多いところ（関学99）
＊住人の平均視力と反比例する（桃山98）
＊人見知りをする人が少ないところ（桃山98）
＊他人に無関心な人が多いところ（関学05）
＊保育園から高校までずうっと一緒の人がいないところ（桃山98）
＊よそ者が多く土着民（＝生まれてからずっとそこに住んでいる人）が少ないところ（松山93）
＊いろんな地方から来た人たちで形成されるところ（関学03）
＊友人が自分とは違う市町村の者の比率が高いところ（関学99）
＊通行人の99％が見知らぬ人であるところ（関学98）
＊巨人ファン（田舎者の）比率が低いところ（松山93）
＊「幸福の科学」の会員がたくさんいるところ（松山93）
＊権威主義的な人が少ないところ（松山93）

〈人間の行動系〉
＊戸締まりをきちんとするところ（桃山98）
＊全国紙を読む家庭が多いところ（桃山98）
＊日用品（食料品）を百貨店で毎日買うところ（桃山01）
＊献血をしているところ（桃山95）
＊ボランティアなどの活動が多いところ（関学99）
＊何をするにも行列に並ばなければならない（関学04）
＊人が集団で同じ方向に歩くところ（関学04）
＊平日の昼間でもスーツを着たサラリーマンがたくさん電車に乗っているところ（桃

山98)
* 小学校低学年くらいの子が一人で電車に乗っているところ（桃山98）
* 小さい頃から塾に通う人が多いところ（松山93）
* 中学受験をする生徒が多いところ（関学06）
* 小・中学生が自転車通学をしない。通学時にヘルメットをかぶっていないところ（関学04）
* 自転車に乗っている主婦が多いところ（桃山99）
* サラリーマンが朝，喫茶店でモーニングを食べるところ（桃山00）
* マイナスイオン関連商品に興味を示し，買う人が多いところ（関学03）
* 手で押す自動ドアの前でためらう人が少ないところ（桃山98）
* 大きい都市ほど外見を気にするかわりに中身を気にしなくなる（関学03）
* 老人がおしゃれにしているところ（松山93）
* 道行くヒトの服にアイロンがあたっているところ（関学03）
* ぶさいくな人がきれいに見え，きたないカッコの人でもおしゃれに見えるところ（桃山95）
* いわゆる不良と呼ばれる学生が長ラン・ボンタンを履いていないところ（関学04）
* ヤンキーがカッコイイ扱いをされていないところ（関学04）
* 親の世代を「先代」とよばないところ（桃山98）
* 「汽車」と言わないところ（桃山98）
* そこに住んでいる人が「街に行く」といって出かけていかない（関学04）
* 高校野球で地元を必死で応援しないところ（桃山98）
* 県立高校をあがめたてまつらないところ（松山93）
* 車の免許を取得する年齢が遅いところ，また取らない人の比率が高いところ（関学98）
* 車のマナーが悪いところ・路上駐車の多いところ（桃山98）
* 電車で割り込みをするところ（関学04）
* 電車のアナウンスや駅員が不親切な（時間がきたら各が走っていくドも閉める）ところ（関学04）
* 妊婦がほほえましくみえないところ（桃山95）
* 道端の小さな花や鳥が軒下に巣を作るのをみると，感動することが出来るところ（関学04）
* 愛想笑いが多くなってしまうところ（関学00）
* 「田舎はいいよなあ」「のんびりしたいよな」等言う人が多いところ（桃山00）

* 「田舎は嫌だ」などマイナスイメージがあるのに，どこかしら田舎への憧れをもっているところ（関学04）
* 身内でかたまらず進歩的な考えをもっている人を受け入れることができるところ（松山93）
* 田舎に比べると個人情報に対して敏感に反応してしまうことが多いけど，オープンな考えを持っている人も多いところ（関学05）

〈人間関係系定義〉
* 親密な近所づきあいがないところ（松山93）
* 「近所」というメンバーの定まらないところ（関学03）
* 隣近所の人の顔，名前を知らないところ（関学05）
* 隣近所の付き合いが無いところ（関学05）
* 隣の家の人がいつ引っ越してきたか，どんな家族構成なのかわからないところ（関学00）
* 「家」という認識度が薄いところ（桃山98）
* お葬式などで，お手伝いにいかないところ（関学99）
* 青年団を見かけないところ（関学00）
* 公民館を知らない人が多いところ（松山93）
* 「個」を重んじるところ（関学06）
* 冷たい人間関係・お互い干渉しないところ（松山93）
* 人と直接コミュニケーションをかわすことが少ないところ（メール・携帯電話を使う）（桃山01）
* 他人と一言も話をしなくても生きてゆけるところ（関学04）
* エスカレーターで片側をあけないと舌打ちされるところ（関学05）
* バスから降りる時「ありがとう」を言わない（だから前乗りのバスは都会的・つめたい）（関学04）
* まちに買物にでても知合いに会うことが少ないところ（松山93）
* 市役所の発行する広報紙に知っている人の名前が無いところ（桃山98）
* 個人に対する注目度が低く匿名性があるところ（関学99）
* 「うわさ」の広まり具合がおそいところ（松山93）
* 同時に何人かの異性とつきあっていてもばれずに過ごせるところ（松山93）
* 住人たちが「私も迷惑をかけないから，あなたも迷惑をかけないで」という相互不干渉の原則で生活しているのが都市。「あなたの迷惑を許すから，私の迷惑も許し

てね」というのが田舎（桃山99）
*キャミソールを着ても，おじさんにひやかされたり，振り返られたり，車のクラクションを鳴らされたり，手を振られたりしないところ（桃山99）
*道路の真中に立っていて車にクラクションを鳴らされただけなら都市，文句を言われたら田舎（桃山00）
*人間関係も用途別に使い分けるコンビニ感覚の有るところ（桃山95）

〈その他〉
*地図で字が大きいところ（関学98）
*世界地図に名が載るところ（関学03）
*市外局番が3桁以内なところ（桃山00）
*原付バイクのナンバーの数が大きいところ（関学99）
*地域住民の名字の数が多いところ（関学98）
*「若者が集まる場所」（関学99）
*年寄りが住みにくいところ（関学04）
*ホームレス・浮浪者・ダンボールハウスが多いところ（関学03）
*痴漢が多いところ（桃山98）
*人の心を誘惑するものが多いところ（関学04）
*周辺の地域から労働者を集める機能を持った場所（関学00）
*自分の半径3メートル以内に人が5人以上いるところ（関学04）
*夜12：00以降仕事以外で起きている人が人口の何割か（10％ぐらい）以上である（桃山00）
*10～29歳までの人口がその全体の人口の40％を超えているところ（関学99）
*昼の18歳以上60歳以下の人口が70％以上占めているところ（関学99）
*昼と夜の人口が激しく変わるところ（関学06）
*生産より企画・発案中心である（関学03）
*「野菜一袋百円」の無人百円市が無いところ（関学05）
*野菜等の値段が高く，家庭用品や薬などが安いところ（関学01）
*運賃・物価・地価が高いところ（松山93）
*一坪50万円以上する地域一帯（関学99）
*家賃が高いところ（桃山95）
*ワンルームマンションの平均家賃が6万円以上の地域（桃山01）
*結婚しない・したくない女性（男性）が多いところ（桃山95）

＊核家族が多いところ（関学99）
＊一人暮らしの人が多いところ（関学01）
＊一人で食事をしていても変に思われないところ（桃山98）
＊インスタント食品の需要が高い地域（関学00）
＊「親しい人が遠くに住んでいる」と言う人が多いところ（関学05）
＊「あなたは何階に住んでいますか？」という質問をして，答えの平均が2Fよりも高くなるところ（関学99）
＊一戸建て居住者よりもマンション居住者の方が多いところ（関学00）
＊道路のコンクリート率が高いところ（関学04）
＊いろんなところがさくで囲われているところ（関学99）
＊10階建て以上のビルがきたないところ（関学98）
＊学校の運動場が狭いところ（松山93）
＊小学校に制服がないところ，中高生が学校指定の鞄で通学しないところ（松山93）
＊冬場はコートが必需品であるところ（関学99）
＊簡単に県境を越えることができるところ（関学99）
＊靴の底がすりへる日数が早いところ（関学99）
＊駐車場代が高いところ（桃山01）
＊その地域の駐車場の半数以上が立体であるところ（関学98）
＊コインパーキングが10分単位で課金されていくところ（関学05）
＊電気使用量の多いところ（桃山00）
＊ゴミの排出量が多くその種類が多様であるところ（関学99）
＊二酸化炭素の排出量が多いところ（関学98）
＊選挙で無投票当選がないところ（松山93）
＊選挙のときに立てられる掲示板のマスメが多いところ（関学99）
＊選挙したときの投票率が65％以下（低い）のところ（関学99）
＊自民党支持率が高くないところ＝権力にいかに協力的か（松山93）
＊行政の失敗がすぐに表面化するところ（関学01）
＊変な知事がいるところ（桃山01）
＊「ふるさと創生事業」の1億円の使い道を知らないところ（桃山98）
＊多くの職業を選択できるイメージがもてるところ（関学04）
＊すべてにおいて「選択」できるところ（関学06）
＊「そうじ」を仕事とする人が多いところ（関学98）
＊家族で営む小さな商店があまりなく，バイトばかり雇っている店が多いところ（関

学99）
* 人々を時間で縛るところ（関学06）
* 「禁止」が多いところ（桃山01）
* 建物の中に，禁煙マークが多いところ（桃山00）
* 暗黙のルールが存在し，みながそれに従っているところ（関学05）
* 自分に納得がいかないところがあっても，誰に文句言っていいのかわからないところ（桃山98）
* ニュースになる事柄が多いところ（都市では犯罪や汚職等のニュースが多く，幼稚園児の老人ホームへの訪問等がニュースにならない）（桃山01）
* ファッションの中心であり，流行が目まぐるしく変化するところ（関学04）
* いろんな地域の人が行き来して，文化が交じり合っているところ（関学05）
* バックグラウンドを異にする人々が出入りし，多様な価値観や情報が交錯することで新たな文化が発信されていく交差点的な空間（関学00）
* 消費の文化のうえに成り立ち，たえず新しいものが生み出されるところ（関学06）
* 多種多様な人々の集まりの中で，様々な流行が生み出されては消えてゆく場所で，このような移り変わりの早い場所に適応できるものは残り，できないものは消滅してしまうところ（関学05）
* 都市の大きさに比例して先進文化もうまれるが，低俗な文化も生まれる（関学03）
* 都市とは新しい文化や習慣が生み出される場所である（関学05）
* 精神的な病気にかかる要素をたくさん抱えているところ（関学98）
* 犯罪が多いところ（松山93）
* サリン事件が起こりそうなところ（桃山95）
* 電気・水道・ガスの供給がとまればパニックになるところ（桃山95）
* 無差別テロの標的とされるところ（関学03）

〈比喩的定義〉
* 都市とは〈かたゆで卵のきみ〉のようなものである（いろいろな機能がある＝栄養がある・詰まっている・殺伐として乾いている＝パサパサ）（関学03）
* 生き馬の目を抜く場所である（関学04）
* びっくり箱（関学04）
* 自分らしさを取り戻せるところでもあり，また自分の存在が見えなくなる場所でもある（関学05）
* いつも何かを求めている，いつまでたっても満たされないところ（桃山00）

* 都市には生きる基盤がある。田舎には生きる知恵がある（関学04）
* 都市では店が客に合わせ，田舎では客が店に合わせる（関学03）
* 他人との距離が近すぎることにより，他人との人間関係に距離を求めているところ（関学99）
* 人々に物的距離がなく精神的距離がある離婚寸前の夫婦のようなもの（関学04）
* 目はこえるが，目が悪くなるところ（関学98）
* 首が痛くなるところである（関学99）
* 「モーニング娘」で盛り上がれたら都市，『孫』が歌いたくなったら田舎（桃山00）
* 「気をつかった」人間が多く集まっているところ（1．オシャレに「気をつかった」人，2．会社など集団で「気を使っている」人，3．その町をここちよい場所にしようと「気をつかっている」人がたくさん集まっているところ）（関学99）
* 村上春樹の小説に出てくる主人公のような生活ができるところ（休日，散歩に出て古本屋によって本を買い，その本を落ち着いた喫茶店でコーヒーを飲みながら読んで，ガラスの向こうの道を歩く人を何気なく観察して，夜にはお気に入りのバーで酒を飲み歩いて帰る）（桃山98）

参考文献

【序　章】

大谷信介編著　2004　『問題意識と社会学研究』　ミネルヴァ書房

大谷信介　1997　「書評論文・リプライ――倉沢先生の書評に答えて」『日本都市社会学会年報 15』　pp.162-167.

大谷信介　1995　『現代都市住民のパーソナル・ネットワーク――北米都市理論の日本的解読』　ミネルヴァ書房

大谷信介　1988　「地域づくりと文化――地域文化創造とボランタリーアソシエーション」『生活文化社会構築に関する研究』　愛媛県社会経済研究財団　pp.97-129.

大谷信介　1987　「都市空間とアメニティ――〈住みやすい空間〉と〈文化創造的空間〉を求めて」『都市アメニティに関する研究』　愛媛県社会経済研究財団　pp.185-208.

大谷信介　1986a　「都市と交通――四国における結節機関の実態分析」『都市と交通――瀬戸大橋のインパクトを中心として』　愛媛県社会経済研究財団　pp.158-189.

大谷信介　1986b　「空間秩序と都市計画のプロブレマティック――現代都市における自己実現」『経済評論』35(12)：82-99.（再録　駒井洋編　『自己実現社会』　有斐閣 1987年　pp.163-190.）

奥田道大・広田康生編訳　1983　『都市の理論のために――現代都市社会学の再検討』　多賀出版

倉沢進　1997　「書評論文――〈都市的なるもの〉とパーソナル・ネットワーク」『日本都市社会学会年報　15』　pp.149-161.

倉沢進編著　1986　『東京の社会地図』　東京大学出版会

倉沢進・浅川達人編　2004　『新編東京圏の社会地図　1975-90』　東京大学出版会

日本都市社会学会編　1983　『日本都市社会学会年報　1』

Castells, Manuel 1977 *La Question Urbiane.* Paris : Maspero.（山田操訳　『都市問題――科学的理論と分析』　恒星社厚生閣　1984年）

Castells, Manuel 1968 "Is there an urban sociology?" Pickvance C. G. (ed.) 1977 *Urban Sociology: Critical Essays.*（「都市社会学は存在するか」　山田操・吉原直樹・鯵坂学訳　『都市社会学』　恒星社厚生閣　1982年）

Gans, Herbert J. 1962 *The Urban Villagers : Group and Class in the Life of Italian-Americans.* Free Press.（松本康訳　『都市の村人たち――イタリア系アメリカ人の

階級文化と都市再開発』ハーベスト社　2006年）

Fischer, Claude S. 1976（1984）*The Urban Experience*.（Second edition）San Diego：Harcourt Brace Javanovich.（松本康・前田尚子訳　『都市的体験』　未來社　1996年）

Lefebvre, Henri 1972 *Espace et Politique*.（今井成美訳　『空間と政治』　晶文社　1975年）

Lefebvre, Henri　1968 *Le Droit a la Ville*.（森本和夫訳　『都市への権利』　筑摩書房　1969年）

【第1章】

阿部和俊　2003　『20世紀の日本の都市地理学』　古今書院

阿部和俊・山崎朗　2004　『変貌する日本のすがた——地域構造と地域政策』　古今書院

大谷信介　1986　「空間秩序と都市計画のプロブレマティック」（前掲論文）

奥井復太郎　1940　『現代大都論』　有斐閣

倉沢進　1984　「都市社会学の基礎概念」　鈴木広・倉沢進編著　『都市社会学』　アカデミア出版会

新明正道　1964　「行政都市の社会学的意義——都市社会学への一反省として」『明治学院論叢』88：1-22.

鈴木栄太郎　1957　『都市社会学原理』（鈴木栄太郎著作集Ⅵ　未來社　1969年）

鈴木栄太郎　1940　『日本農村社会学原理』（鈴木栄太郎著作集Ⅰ・Ⅱ　未來社　1969年）

森岡清志　1984　「生活構造と生活様式」　鈴木広・倉沢進編著　『都市社会学』（前掲書）

Castells, Manuel　1977　山田操訳『都市問題』（前掲書）

Goering, J. M. 1978 "Marx and the city：Are there any new direction for urban theory."（奥田道大・広田康生編訳　『都市の理論のために』（前掲書））

Harvey, David　1973　*Social Justice and the City*.（竹内啓一・松本正美訳　『都市と社会的公正』　日本ブリタニカ　1980年）

Lefebvre, Henri　1970　*La Revorution Urbanine*.（今井成美訳　『都市革命』　晶文社　1974年）

Mumford, Lewis　1961　*The City in History*.（生田勉訳　『歴史の都市　明日の都市』　新潮社　1969年）

Sombart, Werner　1902　*Der Moderne Kapitalismus*.（岡崎次郎訳　『近世資本主義　第一巻第一冊』　生活社　1942年）

【第2章】

井上吉男・伊東維年編著　1989　『先端産業と地域経済』　ミネルヴァ書房
NHK放送世論調査所編　1979　『日本人の県民性——NHK全国県民意識調査』　日本放送出版協会
NHK放送文化研究所編　1997　『現代の県民気質——全国県民意識調査』　NHK出版
小内透　1996　『戦後日本の地域社会変動と地域類型——都道府県・市町村を単位とする統計分析を通して』　東信堂
倉沢進　1984　「都市社会学の基礎概念」　鈴木広・倉沢進編著　『都市社会学』　(前掲書)
倉沢進　1968　『日本の都市社会』　福村出版
倉沢進　1963　「日本都市の総合分類と成立過程」『都市問題研究』15-9
倉田和四・T. O. ウィルキンソン　1968・1969　「日本都市の機能分類 (1960年)」(その1・2)　『関西学院大学社会学部紀要』No. 17・18
鈴木広　1973　「比較都市類型論——発想の系譜を中心に」　倉沢進編　『社会学講座5　都市社会学』　東京大学出版会
祖父江孝男　1971　『県民性——文化人類学的考察』　中公新書
高橋勇悦・吉瀬雄一　1984　「都市の発展類型」　鈴木広・倉沢進編著　『都市社会学』(前掲書)
藤岡謙二郎　1968　『日本の都市——その特質と地域的問題点』　大明堂
藤岡謙二郎編　1972　『日本歴史地理ハンドブック (増訂版)』　大明堂
本間義人　1999　『国土計画を考える』　中公新書
松原治郎　1978　『コミュニティの社会学』　東京大学出版会
矢崎武夫　1962　『日本都市の発展過程』　弘文堂
山口恵一郎　1952　「形成次第による日本の都市分類」『都市問題』43-1
Redfield, Robert 1941 *The Folk Culture of Yucatan.* Chicago : The University of Chicago Press.
Reissman, Leonard 1964 *The Urban Process : City in Industrial Societies.* The Free Press.（星野郁美訳　『新しい都市理論——工業社会の都市過程』　鹿島出版会　1968年）
Sjoberg, Gideon 1960 *The Preindustrial City : Past and Present.* The Free Press.（倉沢進訳　『前産業型都市——都市の現在と過去』　鹿島出版会　1968年）
Sombart, Werner 1902　岡崎次郎訳　『近世資本主義　第一巻第一冊』(前掲書)
Sorokin, P. A. & C. C. Zimmerman 1929 *Principle of Rural-Urban Sociology.*（京野

正樹訳　『都市と農村』　巖南堂書店　1940年）
Weber, Max 1921（世良晃志郎訳）1964　『都市の類型学』　創文社（『経済と社会』第2
　　　部　経済と社会的秩序および権力　第9章　支配の社会学）
Weber, Max 1924（黒正巌・青山秀夫訳）1955　『一般社会経済史要論』上巻・下巻　岩
　　　波書店（第4章　近代資本主義の成立　第7節　都市と市民）

【第3章】
阿部和俊　1977　「民間大企業の本社支所からみた経済的中枢管理機能の集積について」
　　　『地理学評論』50-6：362-369.
阿部和俊　1975　「経済的中枢管理機能による日本主要都市の管理領域の変遷」『地理学
　　　評論』48-2：108-127.
阿部和俊・山崎朗　2004　『変貌する日本のすがた——地域構造と地域政策』　古今書院
磯村英一　1968　『磯村英一都市論集Ⅲ』　有斐閣
磯村英一　1959　『都市社会学研究』　有斐閣
大谷信介　1986　「都市と交通」（前掲論文）
越智昇編　1986　『都市化とボランタリー・アソシエーション——横浜市における市民の
　　　自主的参加活動を中心に』　横浜市立大学市民文化センター
国土計画協会　「都市機能の地域的配置に関する調査」　1967年3月
笹森秀雄　1955　「都市における社会関係に関する実証的研究」『社会学評論』6-2(22)：
　　　58-83.
鈴木栄太郎　1957　『都市社会学原理』（前掲書）
須田直行　1961　「我国都市の行政機能の一考察——北海道都市の実証的研究」『社会学
　　　評論』43・44 合併号：50.
永井誠一・宮地治　1967　「中枢管理機能と都市の再編成」　大来佐武郎編　『経済学全集
　　　26　地域開発の経済』　筑摩書房
二神弘　1969　「わが国における広域中心都市の成立と発展」『富山大学教養部紀要』
　　　2：35-62.

【第4章】
秋元律郎　2002　『現代都市とエスニシティ——シカゴ社会学をめぐって』　早稲田大学
　　　出版部
秋元律郎　1989　『都市社会学の源流——シカゴ・ソシオロジーの復権』　有斐閣
北川建次編　2004　『現代都市地理学』　古今書院

鈴木広・倉沢進・秋元律郎編著　1987　『都市化の社会学理論——シカゴ学派からの展開』　ミネルヴァ書房

中野正大・宝月誠編　2003　『シカゴ学派の社会学』　世界思想社

宝月誠・中野正大編　1997　『シカゴ社会学の研究——初期モノグラフを読む』　恒星社厚生閣

宝月誠・吉原直樹編　2004　『初期シカゴ学派の世界——思想・モノグラフ・社会的背景』恒星社厚生閣

森川洋　1980　『中心地論（Ⅰ）（Ⅱ）』　大明堂

Anderson, N. 1923 *The Hobo : The Sociology of the Homeless Man.* Chicago : The University of Chicago Press.（広田康生訳　『ホーボー（上）（下）——ホームレスの人たちの社会学』　ハーベスト社　1999, 2000年）

Burgess, E. W.　1925　"The Growth of City."（奥田道大訳　「都市の発展——調査計画序論」　鈴木広編　『都市化の社会学』　誠信書房　1965年）

Christaller, W. 1933 *Die Zentralen Orte in Suddeutschland.*（江沢譲爾訳　『クリスタラー都市の立地と発展』　大明堂　1969年）

Dickinson, R. E. 1964 *City and Region.* London : Routlege & Kegan Poul.（木内信蔵・矢崎武夫　『都市と広域』　鹿島出版会　1974年）

Faris, R. E. L. 1967 *Chicago Sociology 1920-1932.* Chandler Publishing Company. (1970 The University of Chicago Press.)（奥田道大・広田康生訳　『シカゴ・ソシオロジー1920-1932』　ハーベスト社　1990年）

Harris, C. D. & E. L. Ullman 1945 "The Nature of Cities." *Annals of the American Academy of Political and Social Science,* 242 : 7-17.

Hayner, Norman S. 1936 *Hotel Life.* The University of North Carolina Press.（田嶋淳子訳　『ホテル・ライフ』　ハーベスト社　1997年）

Hoyt, H. 1939 The Structure and Growth of Residential Neighborhoods in American Cities, Federal Housing Administration, Washington, DC.

Losch, A. 1962 *Die Raumliche Ordung der Wirtshaft.*（篠原泰三訳　『レッシュ経済立地論』　大明堂　1968年）

Park, R. E. 1929 "The City as Social Laboratory." 1936 "Human Ecology." *American Journal of Sociology,* 42(1) : 1-15.（町村敬志訳「社会的実験室としての都市」「人間生態学」　町村敬志・好井裕明編訳　『実験室としての都市——パーク社会学論文選』　御茶の水書房　1986年　pp.11-35, 155-180.）

Park, R. E. 1916 "The City : Suggestions for the Investigation of Human Behavior in the Urban Environment." *American Journal of Sociology*, 20(3), March. (笹森秀雄訳 「都市――都市環境における人間行動 研究の為の示唆」 鈴木広編 『都市化の社会学』（前掲書） pp.57-96.)

Park, R. E., E. W. Burgess & R. D. McKenzie 1925 *The City.* Chicago : The University of Chicago Press. (大道安次郎・倉田和四生訳 『都市――人間生態学とコミュニティ論』 鹿島出版会 1973年)

Whyte, W. F. 1943 *Street Corner Society.* Chicago : The University of Chicago Press. (寺谷弘壬訳 『ストリート・コーナー・ソサエティー』 垣内出版 1979年／奥田道大・有里典三訳 『ストリート・コーナー・ソサエティ』 有斐閣 2000年)

Wirth, Louis 1928 *The Ghetto.* Chicago : The University of Chicago Press. (今野敏彦訳 『ゲットー――ユダヤ人と疎外社会』 マルジュ社 1981年)

Zorbaugh, Harvey W. 1929 *The Gold Coast and the slum.* Chicago : The University of Chicago Press. (吉原直樹・桑原司・奥田憲昭・高橋早苗訳 『ゴールド・コーストとスラム』 ハーベスト社 1997年)

【第5章】

大澤善信 1999 「解説：情報都市論の成立過程――M．カステルの学説展開と本書の位置づけをめぐって」 大澤善信訳 『都市・情報・グローバル経済』 青木書店 pp. 281-339.

鈴木広 1973 「比較都市類型論」（前掲論文）

吉原直樹 2002 『都市とモダニティの理論』 東京大学出版会

吉原直樹 1994 『都市空間の社会理論――ニューアーバン・ソシオロジーの射程』 東京大学出版会

吉原直樹 1983 『都市社会学の基本問題――アメリカ都市論の系譜と特質』 青木書店

Axelrod, Morris 1956 "Urban Structure and Social Participation." *American Sociological Review*, 21(1) : 13-18. (鈴木広訳 「都市構造と集団参加」 鈴木広編 『都市化の社会学』（前掲書） pp.211-221.)

Blood, R. et al. 1956 *A Social Profile of Detroit : 1955.* A Report of the Detroit Area Study of the University of Michigan.

Castells, Manuel 1999 *Global Economy, Information Society, Cities and Regions.* (大澤善信訳 『都市・情報・グローバル経済』（前掲書）)

Castells, Manuel 1983 *The City and the Grassroots : A Cross-Cultural Theory of Urban Social Movements.* London : Edward Arnord. (石川淳志監訳 『都市とグラ

スルーツ——都市社会運動の比較文化理論』 法政大学出版会 1997年）
Castells, Manuel 1977 山田操訳 『都市問題』（前掲書）
Castells, Manuel 1975 "Urban Sociology and Urban Politics: From a Critique to New Trends of Research." *Comparative Urban Research*, 3-1.（「都市社会学と都市政治」奥田道大・広田康生編訳 『都市の理論のために』（前掲書） pp.3-15.）
Castells, Manuel 1969 "Theory and ideology in urban sociology."（「都市社会学における理論とイデオロギー」（山田操ほか訳 『都市社会学』（前掲書） pp.97-135.）
Castells, Manuel 1968 「都市社会学は存在するか」（前掲論文）
Fava, Sylvia Fleis 1956 "Suburbanism as a way of Life." *American Sociological Review*, 21(1): 34-37.
Firth, R. 1964 "Family and Kinship in Industrial Society." *The Sociological Monograph Review*, 8: 65-87.（老川寛訳 「産業社会における家族と親族」 山根常男編 『家族の社会学理論』 誠信書房 1971年 pp.83-104.）
Firth, R. (ed.) 1956 *Two Studies of Kinship in London*. London: Athlone Press.
Gans, Herbert J. 1962a *The Urban Villagers: Group and Class in the Life of Italian-Americans*. Free Press.（松本康訳 『都市の村人たち——イタリア系アメリカ人の階級文化と都市再開発』 ハーベスト社 2006年）
Gans, Herbert J. 1962b "Urbanism and Suburbanism as ways of Life: A Reevaluation Definitions." in Amold Rose, (ed.) *Human Behavior and Social Processes*. Boston: Houghton Mifflin. pp. 625-648.
Greer, Scott 1962 *The Emerging City: Myth and Reality* New York: Free.（奥田道大・大坪省三訳 『現代都市の危機と創造』 鹿島出版会 1970年）
Lewis, O. 1965 "Further observations on the folk-urban continuum and urbanization." in P. H. Hauser & L. Schnore (eds.) *The Study of Urbanization*. New York: Jhon Whiley. pp.491-503.
Pickvance, C. G. (ed.) 1977 *Urban Sociology: Critical Essays*.（山田操ほか訳 『都市社会学』（前掲書））
Sjoberg, Gideon 1960 *The Preindustrial City: Past and Present*. The Free Press.（倉沢進訳 『前産業型都市——都市の現在と過去』 鹿島出版会 1968年）
Sussman, Marvin B. 1959 "The Isolated Nuclear Family: Fact or Friction." *Social Problems*, 6 (spring): 333-339.
Townsent, Peter 1957 *The Family Life of Old People: An Inquiry in East London*. London: Routledge and Kegan Paul.

Whyte, Jr. William H. 1956 *The Organization Man.* Simon and Schuster, Inc.（岡部慶三・藤永保訳 『組織の中の人間——オーガニゼーション・マン（上）（下）』 創元社 1959年）

Wirth, Louis 1938 "Urbanism as a way of life." *American Journal of Sociology,* 44(1): 1-24.（高橋勇悦訳 「生活様式としてのアーバニズム」 鈴木広編 『都市化の社会学』（前掲書） pp.127-147.）

Young, Michael & Peter Willmott 1992（1957）*Family and Kinship in East London.* Berkeley : The University of California Press.（Routledge & Kegan Paul）.

【第6章】

大谷信介 1995 『現代都市住民のパーソナル・ネットワーク』（前掲書）

大谷信介編 1990 『都市化とパーソナルネットワーク——中四国5都市住民意識の比較研究』 松山大学社会調査室

大谷信介編 1989 『地方中核都市におけるパーソナルネットワーク——四国4県庁所在都市の住民意識の比較研究』 松山商科大学社会調査室

大谷信介編 1988 『松山市民の住民意識とネットワーク』 松山商科大学社会調査室

Otani, Shinsuke 1999 "Personal Community Networks in Contemporary Japan." in Barry Wellman (ed.) *Networks in the Global Village : Life in Contemporary Communities.* Boulder, CO : Westview Press.

越智昇編 1986 『都市化とボランタリー・アソシエーション』（前掲書）

松本康 1992a 「新しいアーバニズム論」 鈴木広編著 『現代都市を解読する』 ミネルヴァ書房 pp.133-157.

松本康 1992b 「都市はなにを生みだすか——アーバニズム論の革新」 森岡清志・松本康編 『都市社会学のフロンティア2 生活・関係・文化』 日本評論社 pp.33-68.

松本康 1991 「都市文化——なぜ都市はつねに〈新しい〉のか」 吉田民人編 『社会学の理論でとく現代のしくみ』 新曜社 pp.173-190.

松本康 1990 「新しいアーバニズム論の可能性——パークからワースを越えて，フィッシャーへ」『名古屋大学社会学論集』 11 : 77-106.

Allan, Graham 1989 *Friendship : Developing a Sociological Perspective.* Harvester Wheatsheaf.（仲村祥一・細辻恵子訳 『友情の社会学』 世界思想社 1993年）

Bellah, Robert N., Richard Madsen, William M. Sullivan, Ann Swidler, & Steven M. Tipton 1985 *Habits of the Heart : Individualism and Commitment in American Life.* New York : Harper & Row.（島薗進・中村圭志訳 『心の習慣——アメリカ

個人主義のゆくえ』 みすず書房 1991年)
Blau, Peter M. 1977 *Inequality and Heterogeneity : A Primitive Theory of Social Structure.* New York : The Free Press.
Fischer, Claude S. 1982 *To Dwell Among Friends : Personal Networks in Town and City.* Chicago : The University of Chicago Press.
Fischer, Claude S. 1976 (1984) 松本康ほか訳『都市的体験』(前掲書)
Fischer, Claude S. 1975 "Toward a Subcultural Theory of Urbanism." *American Journal of Sociology,* 80 (May): 1319-1341. (「アーバニズムの下位文化理論に向けて」(奥田道大・広田康生編訳 『都市の理論のために』 (前掲書) pp.50-94.)
Fischer, Claude S., Jackson, Robert Max, C. Ann Stueve, Kathleen Gerson, Lynne McAllister Jones, with Mark Baldassare 1977 *Networks and Places : Social Relations in the Urban Setting.* New York : Free.
Lazarsfeld, Paul F. & Robert K. Merton 1954 "Friendship as Social Process : A Substantive and Methodological Analysis." in Berger, Morroe, Theodore Abel & Charles H. Page (eds.) *Freedom and Control in Modern Society.* New York : Octagon Books.
Mumford, Lewis 1938 *The Culture of Cities.* New York : Harcourt Brace Javanovich. (生田勉訳 『都市の文化』 鹿島出版会 1974年)
Spengler, O. 1918 *Der Untergangdes Ntergang des Abendlandes : Umrisse Einer Morphologie der Weltgeshichte.* (松村正俊訳『西洋の没落』 林書店 1967年)

【第7章】

大谷信介 2005 「書評:松本康 『東京で暮らす——都市社会構造と社会意識』 東京都立大学出版会 2004年」『日本都市社会学会年報 23』 pp.212-215.
大谷信介 2001 「都市度とパーソナルネットワークの奥深さ——書評論文:森岡清志編著 『都市社会とパーソナルネットワーク』(東京大学出版会 1999年)によせて」『日本都市社会学会年報 19』 pp.175-185.
大谷信介 1995 「〈都市的状況〉と友人ネットワーク——大都市大学生と地方都市大学生の比較研究」 松本康編 『21世紀の都市社会学 第1巻 増殖するネットワーク』 勁草書房 pp.131-173.
大谷信介編 1990 『都市化とパーソナルネットワーク』(前掲書)
大谷信介編 1989 『地方中核都市におけるパーソナルネットワーク』(前掲書)
大谷信介編 1988 『松山市民の住民意識とネットワーク』(前掲書)

大谷信介　1988　「脱工業社会における政治参加」　金屋平三編　『現代社会——理論と分析』　法律文化社　pp.157-176.
高橋勇悦　1988　「大都市青少年の人間関係の変容——一・五次関係の概念に関する覚え書き」『社会学年報』　17：1-16.
高橋勇悦編　1987　『青年そして都市・空間・情報——その危機的状況への対応』　恒星社厚生閣
松本康　2005　「都市度と友人関係」『社会学評論』56-1：147-164.
松本康　2002　「アーバニズムの構造化理論に向かって」『日本都市社会学会年報　20』　pp.63-80.
松本康　1992　「アーバニズムと社会的ネットワーク——名古屋調査による『下位文化理論』の検証」『名古屋大学文学部研究論集』　114（哲学38）：161-185.
森岡清志編著　1999　『都市社会とパーソナルネットワーク』　東京大学出版会
Boissevain, Jeremy 1974 *Friends of Friends : Networks, Manipulators and Coalitions.* London : Basil Blackwell.（岩上真珠・池岡義孝訳　『友達の友達——ネットワーク，操作者，コアリッション』　未來社　1986年）
Cooly, C. H. 1909 *Social Organization : a Study of the Larger Mind.*（大橋幸・菊池美代志訳　『社会組織論——拡大する意識の研究』　青木書店　1970年）
Mayer, Philip 1963 *Townsmen or Tribesmen : Conservatism and the Process of Urbanization in a South African City.* Cape Town : Oxford University Press.
Wireman, Peggy 1984 *Urban Neighborhoods, Networks, and Families : New Forms for Old Values.* Lexington : Lexington Books.

【第8章】

磯村英一・鵜飼信成・川野重任編　1971　『都市形成の論理と住民』　東京大学出版会
江上渉　1990　「団地の近隣関係とコミュニティ」　倉沢進編　『大都市の共同生活——マンション・団地の社会学』　日本評論社　pp.61-101.
大谷信介　2001a　「都市ほど近隣関係は希薄なのか？」　金子勇・森岡清志編著　『都市化とコミュニティの社会学』　ミネルヴァ書房　pp.170-191.
大谷信介　2001b　「都市度とパーソナルネットワークの奥深さ」（前掲論文）
大谷信介編　2000　『都市住民の居住類型別パーソナル・ネットワーク——4都市居住類型別調査報告書』　関西学院大学社会学部大谷研究室
大谷信介　2000　「ボランタリーアソシエーションと居住類型別特性」　越智昇編　『都市化とボランタリーアソシエーションの実態に関する社会学的研究』　平成10・11年

度科学研究費補助金（基盤研究 B・1）研究成果報告書
大谷信介　1996　「都市社会学における『社会調査方法論』の課題」『日本都市社会学会年報 14』pp.65-74.
大谷信介　1995　「〈都市的状況〉と友人ネットワーク——大都市大学生と地方都市大学生の比較研究」（前掲論文）
大谷信介・木下栄二・後藤範章・小松洋・永野武編著　2005（1999）　『社会調査へのアプローチ——論理と方法［第 2 版］』 ミネルヴァ書房
国民生活センター編　1975　『現代日本のコミュニティ』 川島書店
鈴木広編　1979　『コミュニティ・モラールと社会移動の研究』 アカデミア出版
鈴木広編　1965　『都市化の社会学』（前掲書）
松本康　1999　「都市社会の構造変容——都市社会—空間構造と社会的ネットワーク」奥田道大編　『講座社会学 4　都市』 東京大学出版会　pp.105-158.
森岡清志編著　1999　『都市社会とパーソナルネットワーク』（前掲書）
Fischer, Claude S. 1982 *To Dwell Among Friends*.（前掲書）
Fischer, Claude S. 1976（1984）　松本康ほか訳　『都市的体験』（前掲書）pp.164-165.
Keller S. 1968 *The Urban Neighborhood : A Sociological Perspective*. New York : Rondom Hause.
Weber, Max　1921　世良晃志郎訳　『都市の類型学』（前掲書）
Wirth, Louis　1938　高橋勇悦訳　「生活様式としてのアーバニズム」（前掲論文）

【第 9 章】

倉沢進　1984　「都市社会学の基礎概念」（前掲論文）
鈴木栄太郎　1957　『都市社会学原理』（前掲書）
Castells, Manuel　1975　「都市社会学と都市政治」（前掲論文）
Fischer, Claude S.　1982　*To Dwell Among Friends*.（前掲書）
Mayer, Philip　1963　*Townsmen or Tribesmen*.（前掲書）
Mumford, Lewis　1938　生田勉訳　『都市の文化』（前掲書）
Sorokin, P. A. & C. C. Zimmerman　1929　京野正樹訳　『都市と農村』（前掲書）
Spengler, O.　1918　松村正俊訳　『西洋の没落』（前掲書）
Weber, Max　1921　世良晃志郎訳　『都市の類型学』（前掲書）
Wirth, Louis　1938　高橋勇悦訳　「生活様式としてのアーバニズム」（前掲論文）

索　引

ア　行

アーバニズムの社会的結果　111
アーバニズム論　182
　　──の要約　95
阿部和俊　25
アメリカ個人主義　121
アメリカ的文脈　120
アメリカ都市社会学　81
磯村英一　64
Initial Examination　32, 34
ウェーバー, M.　41, 149
　　──の都市類型　39
　　──の問題意識　38
内集団　115
ウルマン, E. L.　90
オーガニゼーションマン　97
大阪府43市町村　28
奥井復太郎　15
おすそわけ経験　157
越智昇　64

カ　行

下位文化の定義　113
下位文化理論　109
　　──の問題点　118
拡散された拡大家族　98
カステル, M.　17, 101
カルセン, O.　37
関係概念　16
ガンス, H.　99
既存ネットワーク　132
北カリフォルニア・コミュニティスタディ　116
客観的友人　128

行政都市の積極的位置づけ　25
競争的協力　87
近所づきあい　156
　　好みの──　154
　　場所の──　154
近隣関係質問文　156
近隣関係の測定方法　153
クーリー, C. H.　147
倉沢進　7, 184
　　──の都市の定義　8, 41
グリア, S.　97
軍制　40
ゲーリング, J. M.　18
結節機関　176
　　──説　57
ケラー, S.　154
県庁所在都市　30
県民性　54
広域中心都市〈福岡〉　68
公共交通機関　177
工業製品出荷額　72
構成理論　99, 110
公的統制　182
香典帳調査　63
高度情報化　72
国土計画　47
個人間摩擦　120, 198
コミュニティ形成論　154
コンビニエンスストア　176

サ　行

笹森秀雄　63
サバーバニズム論　96
三地帯構造モデル　90

市域決定の根拠　24
シカゴ学派　84
シカゴの都市人口　82
シカゴ・モノグラフ　85
四国管轄の行政機関　67
自然村の重要性　24
市町村合併　21
実力主義　199
市部人口比率　19
資本蓄積の地域的結果　104
資本の流通の法則　105
社会的実験室　89
集団間摩擦　120
集団の消費手段　104
住民運動　50
主観的友人　128
呪術　40
『種の起源』　86
城下町　53
消極的選択　122
小説『坊っちゃん』　173
ショウバーグ, G.　99
消費空間としての都市　103
城壁　37
昭和の大合併　19
昭和の歴史　47
諸制度の完備　115
人口階級別の市町村数　22
人口3万未満の市　23
人口の三要素　93
新市への疑問　19
新都市社会学　102
真の隣人　154
親密な第二次的関係　146
新明正道　25
鈴木栄太郎　17, 24, 57
須田直之　65
生活圏の重複　139

正常人口の異常生活　61
正常人口の正常生活の理論　60
生態学決定論　110
セグリゲーション　121
積極的選択　122
〈0からの出発〉　132
遷移　88
前産業型都市論　100
扇状地帯理論　90
選択—制約アプローチ　117
選択的移住　115
選択的ネットワーク　147
専門処理システム　183
ソローキン, P. A. ＆ ジンマーマン, C. C.　42
ゾンバルト, W.　15, 41

タ　行

ダーウィン, C. R.　86
第一次集団　147
第三次産業　46
第三の空間　64
第二種兼業農家　45
多核心地帯理論　90
高松支店の特徴　69
〈多重送信型〉ネットワーク　142
〈単一送信型〉ネットワーク　142, 145
単なる隣人　154
地域開発の歴史　48
地方行政協議会　66
地方自治法の市の位置づけ　20
中枢管理機能の定義　73
中枢管理機能の量的把握　74
つくられた環境　105
ディッキンソン, R. E.　90
統括店機能の低下　72
東京一極集中　77
東京の社会地図　9
同心円地帯理論　89

匿名性　130, 173
土佐清水市　20
都市イメージ調査　27
都市化の実態　3
都市ゲマインデ　39
都市国家　37
都市社会学の存在意義　4
都市社会学の有効性　4
都市的現象　200
都市的効果　200
都市的状況　129
都市的生活様式論　184
『都市的体験』　124, 159
都市的特徴　200
〈都市的なるもの〉という概念　10
〈都市的なるもの〉の内実　199
都市的ネットワーク　144, 186
都市的要件　20
都市度　152
　　　の効果論　125
都市の社会集団　61
都市の〈集積性〉　188
都市の定義　8
　「――」課題　171
　――の厳密化　6
　――の困難さ　15
都市の普遍的特性　188, 200
都市のマイナス面　180
都市のリアリティ　3
都市の〈利便性〉　188
都市への否定的評価　5
都市民族誌学　98
土地に対する執着　121
都鄙二分論　43
都鄙連続体論　43
都鄙論　41

ナ　行

日本国民の人口分布　26
日本都市の発展過程　50
日本農業の変貌　44
日本の政治文化　50
農業従事者　45

ハ　行

ハーヴェイ, D.　17, 105
パーク, R. E.　86
バージェス, E. W.　89
ハリス, C. D.　90
比較都市類型論　38
非通念性　111
ピックバンス, C. G.　103
ヒンターランド　129
ファヴァ, S. F.　96
フォンマウラー　37
フィンユスティ, J. H. G.　37
藤岡謙二郎　52
物理的近接と社会的疎遠　182
不動産資本　105
平準化のメカニズム　195
平成の大合併　21
ベラー, R. N.　122
ホイト, H.　90
ポスト都市化　4
ホモフィリー　117
ボランタリー・アソシエーション　64
ホワイト, W. H.　97

マ　行

松原治郎　49
松山社会のリアリティ　173
〈松山的なるもの〉　174
マンション居住者の比率　168
マンフォード, L.　16

〈無意識の排他性〉　136
メイヤー, P.　145
問題意識　2

ヤ 行

矢崎武夫　51, 52
山口恵一郎　52
有限責任のコミュニティ　97
友人ネットワーク調査　127
友人の分断化　139
優占　87
横浜市文化団体調査　65
4 都市居住類型別調査　34, 151

ラ・ワ行

ライスマン, L.　42
ラマルシュ, F.　104
臨界量　115
隣人づきあい　156
　——スコア　158
ルフェーブル, H.　10, 17
レッドフィールド, R.　44
ロジュキン, J.　104
ワース, L.　93
ワイヤーマン, P.　147

《著者紹介》

大谷信介（おおたに・しんすけ）

1955年　神奈川県生まれ
筑波大学大学院社会科学研究科博士課程単位取得退学，社会学博士
現在：関西学院大学社会学部教授
［専攻］都市社会学・社会調査論
［主著］
『現代都市住民のパーソナル・ネットワーク』（単著，ミネルヴァ書房，1995）
『社会調査へのアプローチ（第2版）』（編著，ミネルヴァ書房，2005）
『問題意識と社会学研究』（編著，ミネルヴァ書房，2004）
『これでいいのか市民意識調査』（編著，ミネルヴァ書房，2002）
Networks in the Global Village（共著，Westview Press, 1999）など

〈都市的なるもの〉の社会学

| 2007年10月30日　初版第1刷発行 | 検印廃止 |
| 2010年9月15日　初版第2刷発行 | |

定価はカバーに表示しています

著　者　　大　谷　信　介
発行者　　杉　田　啓　三
印刷者　　江　戸　宏　介

発行所　株式会社　ミネルヴァ書房
607-8494　京都市山科区日ノ岡堤谷町1
電話代表　(075)581-5191番
振替口座　01020-0-8076番

© 大谷信介，2007　　共同印刷工業・新生製本

ISBN978-4-623-04980-6
Printed in Japan

社会調査へのアプローチ［第2版］
──────大谷信介/木下栄二/後藤範章/小松　洋/永野　武 編著
　　　　　　　　　　　A5判　388頁　本体2500円

●論理と方法　社会調査の基本的な理論と方法を紹介し，そのノウハウをわかりやすく解説。99年初版刊行以来ベストセラーを続ける，定評ある最もわかりやすい社会調査テキストの改訂新版。

問題意識と社会学研究
──────────── 大谷信介 編著　A5判　288頁　本体2800円

本書は「問題意識と実証研究」をテーマに，研究者の問題意識がどのように構築され変容するのかについて考察する。さらに執筆者全員が社会学研究を進めていくなかで，常に自分の問題意識について自問し続けているという事実を提起する。

これでいいのか市民意識調査
──────────── 大谷信介 編著　A5判　272頁　本体2600円

●大阪府44市町村の実態が語る課題と展望　的確な調査設計で丹念な調査を実施すれば，社会調査により多くの問題発見や政策立案が可能になることを提起している。これは今後の社会調査のあり方を提示し，新たな視点を拓く調査研究の成果である。

現代都市住民のパーソナル・ネットワーク
──────────── 大谷信介 著　A5判　264頁　本体3000円

●北米都市理論の日本的解読　〈都市的なるもの〉の解明という問題意識から，大都市と地方都市における比較を行い，パーソナル・ネットワーク形成の論理を日米都市比較を通して実証的に明らかにする。

────────── ミネルヴァ書房 ──────────
http://www.minervashobo.co.jp/